Maria Radziwon

Gespräche zwischen Erde und Himmel

Maria Radziwon

Gespräche zwischen Erde und Himmel

Momente aus dem Leben einer Krankenhaus-Seelsorgerin

benno

Bibliografische Information der Deutschen Nationalbibliothek
Die Deutsche Nationalbibliothek verzeichnet diese Publikation in der Deutschen Nationalbibliografie; detaillierte bibliografische Daten sind im Internet unter http://dnb.d-nb.de abrufbar.

Besuchen Sie uns im Internet:
www.st-benno.de

Gern informieren wir Sie unverbindlich und aktuell auch in unserem Newsletter zum Verlagsprogramm, zu Neuerscheinungen und Aktionen. Einfach anmelden unter www.vivat.de.

ISBN 978-3-7462-6655-8

2. Auflage

Umschlaggestaltung: Grit Fiedler, Visulabor GbR, Berlin/Leipzig
Covermotiv: © stock.adobe.com/Dragana
Gesamtherstellung: Arnold & Domnick, Leipzig (B)

Inhalt

Erinnerung

Das alte Gasthaus stand am Straßenrand, die bunten Schirme über den kleinen Tischen mit Klappsesseln flatterten im Wind. Heiß war es und mühsam – damals noch ganz ohne Gurt oder Kindersitz – kletterten wir aus dem alten, roten Auto meines Großvaters. Es waren Sommerferien und wir Kinder waren bei den Großeltern hoch oben in den Bergen. An diesem Tag stand ein Besuch bei der Schwester meiner Großmutter auf dem Programm. Sie führte gemeinsam mit ihrem Mann den kleinen Gasthof. Gleich rechts neben der Haustür konnte man in die große Küche hineinlugen, aus der es regelrecht herausdampfte.

Schon öfters waren wir hier gewesen und jedes Mal war es ein kleines Abenteuer, weil niemand auf uns Kinder achtete und wir ganz ohne sorgsame Blicke von Erwachsenen überall Neues entdecken und nach Herzenslust spielen und Abenteuer ausdenken konnten.

An diesem heißen Sommertag war es aber anders. Als wir beim Gasthaus angelangt waren, sahen wir einige Menschen vor der Eingangstüre stehen und gestikulieren. Meine Großeltern deuteten uns Kindern, dass wir einfach spielen gehen sollten. Normalerweise bekamen wir zuvor ein Getränk, aber diesmal konnte es meiner Großmutter gar nicht schnell genug gehen, dass wir Kinder im Garten verschwanden. Wir wollten aber natürlich genau wissen, was geschehen war, und blickten durch alle möglichen Fenster hinein in die Gaststube, und dann sahen wir, was geschehen war: Vom oberen Stockwerk war Wasser die Treppen hinuntergeplätschert. Alles war nass. Wir wunderten uns.

Es war meine erste Begegnung mit dem Tod an diesem Tag. Der Wirt war plötzlich im Badezimmer im oberen Stockwerk gestorben. Deshalb hatte er auch das Wasser nicht ausschalten können in der Badewanne. Das Wasser war heruntergeronnen und hatte so die Menschen darauf aufmerksam gemacht, dass etwas geschehen war.

Damals wurden wir Kinder ziemlich ferngehalten von all dem – aber am Tag danach schon fuhren wir nochmals zum Gasthaus. In der großen Stube war auf zusammengeschobenen Tischen der Sarg des Verstorbenen aufgebahrt. Rundherum waren Sessel, immer wieder kamen und gingen Menschen. Saßen einfach da, beteten ein immer gleiches Gebet (dass es das Rosenkranzgebet war, erklärte mir erst später meine Großmutter). Wir Kinder wussten nicht recht, was wir machen sollten. Aber meine Großmutter packte uns fest an der Hand, tauchte sie ins bereitstehende Weihwasser und bedeutete uns, den Verstorbenen mit diesem Wasser zu segnen. Mein Großvater hob mich hoch, damit ich in den Sarg hineinsehen konnte. Sagte nichts, stellte mich wieder auf den Boden und begann dann mit jemandem zu sprechen.

So jedenfalls habe ich es in meiner Erinnerung. Was ich noch weiß, ist, dass jemand sich über die bunte Kleidung einer Person beschwerte und dass es jemanden gab, der den Verstorbenen anfasste. Das ließ mich staunen und erschaudern zugleich.

An diesem Tag war der Tod das erste Mal in mein Leben getreten. Ich habe keine Erinnerung an eine Begegnung mit diesem Thema in meinen vorherigen Lebensjahren, aber die Bilder dieser Tage habe ich fest in meiner Erinnerung.

Irgendwann, als niemand im Raum war, schlich ich mich allein hinein und kletterte auf einen Sessel, um mir den Verstorbenen noch mal anzusehen. Ich tippte sein Gesicht vorsichtig an und erschrak, weil die Haut so fest und kalt war.

Lange war das mein Bild von Tod und Sterben: Man musste aufpassen beim Baden. Vielleicht starb man ja plötzlich. Und wenn man dann gestorben war, wurde man in einen Sarg gelegt und jeder konnte sich ansehen, wie man tot aussah.

Der Tod begegnete mir in meinem Leben immer wieder, aber diese erste Begegnung, glaube ich, ist jene, die mich vielleicht auch zu meinem Beruf geführt hat. Denn als Seelsorgerin im Krankenhaus ist der Tod mein steter Begleiter: Nicht immer unmittelbar, aber in Gedanken und Ängsten der Menschen, deren Gegenüber ich sein darf, ist der Tod meistens sehr präsent.

Diese Frage nach der ersten Begegnung mit dem Tod stelle ich immer auch Studierenden der Pflege. Einige Einheiten gestalte ich dort zum Themenbereich „Sterben, Tod und Trauer“ im Rahmen ihrer Ausbildung. Viele wischen diese Erinnerung zur Seite, möchten sich nicht damit befassen – aber während der Ausbildung werden die zukünftigen Pflegenden auch mit dem Tod konfrontiert und mit der Frage des eigenen Umgehens damit. Diese erste bewusste Begegnung mit dem Sterben, dem Tod und der Reaktion des Umfelds darauf prägt – bewusst und unbewusst.

Auch wenn ich mittlerweile über vierzig Jahre zähle: Das Gefühl, dass der Tod überall ins Leben treten kann (auch im Badezimmer), dass er Teil des menschlichen Lebens ist (man auch ein kleines Kind mal „schauen lassen" kann) und dass es unterschiedliche Formen und Bedürfnisse des Abschiednehmens gibt (mit Gebeten, Ritualen, Berührung, Dasitzen und Schweigen …), begleitet mich immer noch. Mir war das lange nicht bewusst, aber in den mehr als zehn Jahren als Krankenhaus-Seelsorgerin klärte sich das für mich immer mehr: Dieser sommerliche Nachmittag ist ein für mich sehr wichtiger. Und wer weiß, ob sich ohne ihn jemals mein Weg (der sehr viele Umwege mit sich bringen sollte) in diese berufliche Richtung entwickelt hätte.

Berufswünsche

Die Schulzeit war nicht einfach für mich – ich war wenig motiviert. Nicht dass mir das Lernen besonders schwerfiel, aber es fühlte sich so bedeutungslos an. Ohne wirkliches Ziel im Blick für die Zeit nach dem Schulabschluss war es mir kaum möglich, herauszufinden, wie ich Prioritäten setzen sollte. Auch gab es kein Schulfach – mit Ausnahme von Musik vielleicht –, das mich sonderlich interessierte. Am wenigsten begeisterte mich wohl Religion. Hitzige Debatten führte ich mit meinen Eltern, weil ich mich vom Religionsunterricht abmelden wollte – in einer Ordensschule natürlich ein wenig aussichtsreiches Unterfangen. Dass ich irgendwann später Theologie studieren und phasenweise sogar Religion unterrichten würde: Hätte es mir damals jemand gesagt, ich hätte denjenigen wohl für verrückt erklärt.

„Was möchtest du einmal werden?" Diese Frage wurde mir als Kind und Jugendliche oft gestellt. Die Wünsche wandelten sich natürlich im Laufe der Jahre immer wieder, aber – rückblickend betrachtet – ist es irgendwie erstaunlich, dass fast alle meine Wunschberufe im Krankenhaus zu finden waren.

Anfangs dachte ich daran, Krankenschwester zu werden. Sogar im Fasching verkleidete ich mich als solche. Nach einem Praktikum war mir allerdings sehr schnell klar: Ich wollte sicher nicht im Pflegeberuf arbeiten. Ich hatte mir das ganz anders vorgestellt – und ich ahnte, dass ich mir wohl etwas anderes würde überlegen müssen. Später hatte ich dann die Idee, Hebamme zu werden. Warum ich diesen Weg nicht weiter verfolgte, weiß ich eigentlich nicht. Der nächste Gedanke war dann Musiktherapeutin. Ein Weg, den ich zu gehen begann, dann aber aus unterschiedlichen Gründen wieder abbrach.

Berufswunsch Lehrerin, das fand sich eigentlich nie. Und doch war ich einige Jahre in diesem Beruf tätig – mit einem Schwerpunkt auf Unterricht im Krankenhaus im Rahmen des Heilstättenunterrichts. Fast mein gesamtes Schulpraktikum für den sonderpädagogischen Bereich konnte ich schon in diesem Bereich absolvieren. Dass es den Beruf der Krankenhaus-Seelsorgerin überhaupt gab, dafür öffnete mir ein Fachbuch während des Lehramtsstudiums den Blick. Auch wenn ich ahnte, dass das vielleicht die Richtung war, nach der ich suchte, so konnte ich mir nicht vorstellen, wie ich diesen Weg beschreiten sollte – zumal ich dafür ja einen theologischen Hintergrund gebraucht hätte, den ich mir lange nicht vorstellen konnte, mir anzueignen.

Ich kann bis heute eigentlich nicht erklären, warum ich mich dann für einen Umzug wieder zurück in die Stadt entschied. Nach einigen Jahren als Lehrerin in einem anderen Bundesland schrieb ich mich an der Theologischen Fakultät ein. Wie bereits erwähnt: Während der Schulzeit war mein Interesse an theologischen Themen bescheiden.

Jedenfalls war es der Anfang eines Weges, der sich für mich als sehr stimmig herausstellen sollte. Einerseits lernte ich an der Universität meinen Mann kennen und lieben – das allein ist schon etwas Wunderbares. Andererseits öffnete es mir den Weg zu dem Beruf, von dem ich heute spüre, dass es mein „Wunschberuf" ist. Auch wenn es viele Umwege und einen langen Atem, etliche berufliche Stationen dazwischen, viel Vertrauen und auch Mut brauchte, um mich für die damals völlig überraschend frei gewordene Stelle im Krankenhaus zu bewerben. Zu einem Zeitpunkt, an dem ich eine völlig andere Antwort für mich geglaubt hatte gefunden zu haben auf die Frage: „Was möchtest du einmal werden?"

Manchmal kommt es eben besser, als man denkt. Und vielleicht muss man gelegentlich Wege beginnen zu gehen, ohne dass dies geplant war. Einfach aus Überzeugung, ohne eine schlüssige Erklärung dafür zu haben. Man darf sich offenbar auch selbst immer mal wieder überraschen.

Sommer

Es war ein heißer Tag. Die Hitze flimmerte draußen am Asphalt vor dem Krankenhaus. Ich saß mit einigen Kindern in den Aufenthaltsräumlichkeiten der onkologischen Kinderstation des Krankenhauses, in dem ich während des Lehramtsstudiums ein freiwilliges Praktikum absolvierte. Wir bastelten und ich beobachtete die Pädagogin, wie sie mit den Kindern kreative Möglichkeiten mit buntem Papier versuchte.

Es war ein kleiner Moment, als ich etwas entfernt eine Zimmertür sah, die von einer Pflegeperson geöffnet wurde. Ich wunderte mich: War da noch ein Kind im Zimmer? So viele Kinder waren hier versammelt, das war doch kaum möglich?

Und weil alle so beschäftigt waren, wagte ich noch mal einen Blick hinaus und ging leise zur Tür, um zu lauschen, ob sich darin vielleicht noch jemand befand.

Ich klopfte … und entdeckte eine Mutter mit ihrem Sohn in diesem Zimmer. Eigentlich weiß ich nicht mehr, was wir dort sprachen. Aber ich war lange Zeit im Zimmer … – und kam immer wieder. Später auch nach Hause. Als Lehrerin im häuslichen Unterricht (obwohl ich noch studierend war), da für den Jungen kein Schulbesuch mehr möglich war. Einige Fächer waren mir zugeteilt – das Fach Deutsch war dabei. Und das eröffnete mir Möglichkeiten, die in anderen Fächern wohl kaum möglich sind: Wir konnten sprechen. Gedichte schreiben. Lesen und Vorlesen. Monatelang besuchte ich ihn, wenn es seine Gesundheit ermöglichte, zwei oder drei Mal in der Woche zum Unterricht.

Vielleicht war das der Anfang einer Art „seelsorglicher Begleitung“. Obwohl ich eigentlich „nur“ die Lehrerin war. Ganz ohne theologischen Hintergrund, einfach im Dasein mit meinem Gegenüber. Im Aushalten, im Händehalten, im Zuhören. Ein Jugendlicher, damals nur wenige Jahre jünger als ich, der spürte, dass sein Leben ganz anders verlaufen würde, als er sich das gewünscht hätte. Ein Jugendlicher mit einer tiefen Weisheit, die sich kaum in Worte fassen lässt. Eltern und Geschwister um ihn, die stark waren für und mit ihm. Äußerlich gezeichnet von dem Leid, vom Schlafmangel, von den Sorgen.

Als ich kam, um mich von meinem so einzigartigen Schüler ein letztes Mal zu verabschieden, lag er in seinem Bett. Ganz ruhig. In weicher bunter Bettwäsche. Ein wenig schauderte mir. Und doch war ich ganz ruhig: Mein verstorbener Schüler war mir vertraut. Er sah nur etwas verändert aus. Ich dachte an damals, als mein Großvater mich hochgehoben hatte, damit ich in den Sarg hineinsehen konnte. Jetzt fühlte es sich anders an. Gut 20 Jahre später.

Es war heilsam, an diesem Bett zu sitzen. Zu weinen. Und Dankbarkeit tief drin zu spüren. Welch kostbare Begegnung das doch war! Hätte ich in jenem Sommer nicht das Praktikum im Krankenhaus gemacht, wäre ich damals im Aufenthaltsraum geblieben … die Monate der schulischen Begleitung, die doch wohl vielleicht mehr eine seelsorgliche gewesen war (rückblickend denke ich das), haben mich tief geprägt.

Obwohl ich damals mein Studium beendete und dann regulär im Schuldienst tätig war, war es wohl eine Art „Anfang vom Ende“ meiner Karriere als Lehrerin. Ich war sehr gerne Lehrerin und doch spürte ich, dass da noch etwas fehlte. Was, das konnte ich nicht benennen, aber es fühlte sich immer ein wenig so an, als hätte es damals bei meinem ersten Schüler seinen Anfang genommen.

Seltsames

„Was wollen Sie denn überhaupt hier tun?" Skeptisch war der Blick, der mich von oben bis unten musterte. „Als Frau dürfen Sie ja sowieso nichts in der Kirche."

So oder so ähnlich verlief ungefähr jedes Gespräch in den ersten Monaten als Seelsorgerin im Krankenhaus. Was anderswo schon längst etabliert war, war hier neu. Seelsorge im Krankenhaus durch eine Frau? Was konnte die schon ausrichten? Seelsorge im Krankenhaus war schließlich – in der Vorstellung vieler – Krankensalbung und Beichte. Und beides war – mit Blick auf meine Beauftragung – schlecht vereinbar mit den Regelungen der Kirche. Wie konnte die Diözese also eine Frau, noch dazu Mutter von vier Kindern, anstellen? Widersprach das nicht auch dem Bild von Familie der Kirche? Wer sollte schließlich die Kinder versorgen?

Es überforderte mich, so negativ gesehen zu werden und mit Vorstellungen konfrontiert zu sein, die mir schwerfielen, nachzuvollziehen. Vor allem kannte ich niemanden der Handelnden – und demnach auch sie mich nicht. Was über mich gesprochen wurde, entbehrte also sogar einer soliden Grundlage im Sinne dessen, dass man vorher mit mir Erfahrungen gemacht oder gesprochen hätte. In den Jahren zuvor, in denen ich als Pastoralassistentin gearbeitet hatte, hatte kaum jemand Notiz von mir genommen. Sicherlich: Auch da stellten sich manche die Frage, wozu es mich überhaupt brauchte. Aber es war doch ein gutes Miteinander möglich. Jetzt aber war das ganz anders. Mit einem Mal war ich Gesprächsthema. Gespräche, Telefonanrufe, Zuschriften – sie erreichten mich im Krankenhaus, aber auch zu Hause. Denn obwohl die Postadresse nicht vollständig war, schafften es manche Menschen doch, so zu adressieren, dass die Kuverts in meinem Briefkasten daheim landeten. Auf diese Weise wurde eine Grenze hinein ins Private überschritten, die nicht nur unangenehm war, sondern schlicht und einfach zu weit ging.

Gemeinsam mit meinem Mann lasen wir die Zuschriften. Mal amüsiert, mal frustriert … immer jedoch eigentlich fassungslos, wozu sich manche Menschen doch offenbar berufen fühlten. Ein interessanter Aspekt dabei war, dass fast immer ein Absender angeführt war und sich die Schreibenden offenbar auch eine Antwort erwarteten.

Einfach war das nicht. Aber ich hatte gute Begleiter:

Meinen diözesanen Vorgesetzten, der sogar anreiste, um mir den Rücken zu stärken vor einem schwierigen Gespräch, und der regelmäßig mit mir telefonierte, um mich zu ermutigen. Und auch der damalige Generalvikar war ein Segen für mich in dem Sturm, der da über mich hinwegfegte. Ich hatte mir nicht so viel Rückhalt und Unterstützung erwartet.

Mein Supervisor las die Zuschriften und half mir, die Schreibenden einzuordnen. Ich konnte ihm erzählen von den Anrufen und manches Mal entlockte er mir auch ein Lachen, weil manches ja wirklich sehr skurril war.

Mitarbeiter im Krankenhaus, die – in den verschiedensten Bereichen tätig – mich spüren ließen, dass sie sich freuten, dass Seelsorge im Krankenhaus nun ein anderes (wenn auch ungewohntes) Gesicht hatte. Sie grüßten, luden mich auf eine Tasse Kaffee ein, fragten nach – und öffneten mir immer wieder Türen, um Seelsorge im Krankenhaus erlebbar zu machen.

Während meines ersten Dienstjahres absolvierte ich die klinische Seelsorge-Ausbildung. Unsere Gruppe war sehr vielfältig, aber es tat gut, erzählen zu können von meinen Erfahrungen, auch von den Anfeindungen. Die Kursleitung, aber auch die

Teilnehmer konnten oft nicht fassen, was ich ihnen zeigte und erzählte. Mit viel Humor, tiefgehenden Gesprächen und guten Anregungen durch den „Blick von außen“ war diese Ausbildungsgruppe sicher wesentlich, um langsam, aber beständig einen Weg des Umgehens mit dieser außergewöhnlichen Reaktion auf mein Da-Sein im Krankenhaus finden zu können. Vor allem lernte ich so Menschen aus dem gleichen beruflichen Umfeld kennen und spürte: Seelsorge im Krankenhaus konnte auch etwas ganz Selbstverständliches und Wichtiges sein. Ohne Sturm ringsum.

Wenn jetzt mein Blick auf die eine dicke, schwarze Mappe ganz oben im Kasten in meinem Büro fällt, muss ich manchmal ein wenig schmunzeln. „Seltsames“ habe ich auf ihren Rücken geschrieben. In ihr finden sich alle Briefe, Zuschriften, Beschwerden und Anfeindungen, die mich im ersten Jahr erreichten. Mit der Zeit wurden es weniger und irgendwann kam da nichts mehr. Vielleicht war es langweilig geworden, vielleicht hatte man auch nicht mit so viel Rückhalt für mich gerechnet … ich weiß es nicht. Aber diese Zeit hat deutliche Spuren hinterlassen bei mir.

Lange Zeit ging ich nur selten in den Postraum, um mein Fach zu leeren. Mir graute davor, Briefe zu öffnen, deren Absender ich nicht zuordnen konnte. Ich fürchtete, wieder etwas Verstörendes zu lesen. Immer wieder kamen mit den Jahren aber andere (mir kostbare) Zuschriften dazu und sie ließen die Erinnerungen an die Anfangsstürme ein wenig verblassen: Denn nun fand sich auch ab und an ein Dankeskärtchen oder ein Foto mit ein paar Zeilen, eine schöne Information, manchmal auch eine Todesanzeige ... – Verbindungsstücke hinaus aus dem Krankenhaus und doch eng verbunden mit der Begegnung zuvor im Patientenzimmer.

Im Rückblick kann ich manchmal gar nicht fassen, dass die erste Zeit so schwierig war. Mittlerweile fühlt sich vieles so unkompliziert und entspannt an, dass die kleinen Stürme zwischendurch nicht zu viel Druck erzeugen können. Man kennt mich, man weiß um die Möglichkeiten der Seelsorge – und auch ich habe gelernt, so manches mit einem neuen Blick zu betrachten. Ich kann der schweren Anfangszeit sogar sehr viel Gutes abgewinnen. Denn ich habe Menschen, von denen ich es gar nicht erwartet oder erhofft hatte, auf eine ganz wunderbare Weise kennengelernt und habe gleichzeitig auch zu spüren bekommen, was es bedeutet „nicht erwünscht“ zu sein.

Manches war in dieser Anfangszeit aber auch sehr unterhaltsam – wenigstens rückblickend. Eines Tages nämlich erhielt ich einen Anruf vom Portier mit der Information, dass jemand auf mich im Eingangsbereich des Krankenhauses wartete. Natürlich war ich auf das Schlimmste gefasst. Seufzend machte ich mich auf den Weg.

Und da stand eine alte, noble Dame, die sich mir mit Namen und sämtlichen Titeln vorstellte. Auch heute noch kann man mich mit solchen Dingen nicht wirklich beeindrucken und so erstarrte ich auch damals nicht in Ehrfurcht, was meinem Gegenüber sichtlich missfiel. Eilig bekam ich die Frage gestellt, ob ich nun die „Neue für die Blumen in der Kapelle" wäre. Ich verstand nicht. Aber die Dame gestikulierte und betonte wieder und wieder, dass die Blumen in der Kapelle doch sicherlich mein Auftrag wären. Was sollte ich schließlich sonst tun? Eine Seelsorgerin im Auftrag der katholischen Kirche? Wo sollte es denn so etwas geben? Sie war sichtlich aufgebracht und zeigte leichten Ärger, als ich ihr mitteilte, dass ich nicht zur Blumenpflege angestellt worden war. Das Gespräch verlief nicht sehr konstruktiv und zu einem gewissen Zeitpunkt machte die Besucherin kehrt und verließ das Krankenhaus. Ich war perplex. Was war denn das gewesen?

Einige Tage später erhielt ich wieder einen Anruf vom Portier. Die Dame erwartete mich offenbar nochmals. Ich war wenig motiviert ein neuerliches Gespräch über meine Aufgabe als Nicht-Blumenpflegerin zu führen. Aber als ich im Eingangsbereich ankam, überreichte mir die Besucherin eine wunderschöne Orchidee mit den Worten: „Da müssen Sie nicht viel tun, wenn Sie eh keine Ahnung von Blumenpflege haben. Aber stellen Sie sie bitte in die Kapelle, da sollten einfach Blumen sein."

Irgendwie war es seltsam: Ich freute mich wirklich.

Kindermund

„Meine Mama hat einen merkwürdigen Beruf. Sie redet mit Leuten und dann sterben sie."

Ich muss schlucken. Dann lese ich weiter. „Außerdem begrebt sie Leute, die keiner unter die Erde bringen will."

Jetzt muss ich lachen. Und gleichzeitig erschrecke ich. Welches Bild zeichnet mein Kind da von mir in der Personenbeschreibung? Mein Kind sitzt neben mir am Tisch und malt mit Buntstiften bunte Muster an den Heftrand. Die Hausübung ist offenbar nicht so spannend.

„Was hat denn der Lehrer gesagt zu der Beschreibung von mir?", frage ich vorsichtig. Mein Kind zuckt mit den Schultern: „Ganz so schlimm wird's wohl nicht sein, hat er gesagt."

Ich spüre, wie ich mit einem Mal unendlich müde bin. Nochmals lese ich die Sätze.

Eigentlich stimmt das ja, was mein Kind da geschrieben hat. Viele der Menschen, die ich begleite, sterben. Aber eigentlich tun wir das alle. Irgendwann. Bei diesen Menschen im Krankenhaus ist das etwas anders. Sie setzen sich bewusst mit der Endlichkeit ihres Lebens auseinander und ich gehe ein Stück dieses letzten Weges mit ihnen. Ich höre Lebensgeschichten, die wohl kaum jemand anderem jemals erzählt wurden. Ich reiche Taschentücher für Tränen, die oft jahrzehntelang zurückgehalten wurden. Ich halte Hände und bin einfach da. Ohne Worte.

Vielleicht ist es ja tatsächlich so, wie mein Kind geschrieben hat? Wenn alles erzählt, wenn alles gesagt, wenn alles, was ein Mensch gebraucht hat, getan ist … vielleicht ist dann, wie es in alten Worten so schön heißt, „die Zeit erfüllt"?

Und ja. Es gibt diese Momente der grenzenlosen Einsamkeit. Im Sterben. Und danach. Einmal stand ich mit dem Bestatter allein am Friedhof. Vor uns der Sarg. Niemand war gekommen, um sich zu verabschieden. Niemand. Zu zweit nahmen wir Abschied, ohne diesen Menschen eigentlich wirklich gekannt zu haben.

Das wissen auch unsere Kinder. Manchmal, wenn wir beim Abendessen sind, sprechen wir über das Sterben. Und den Tod. Und das Danach. Und das Davor.

Es sind Themen wie andere auch. Manchmal ist das ziemlich unangenehm. „Wenn du stirbst, kriegt dann der Papa den ganzen Bauernhof oder wir Kinder?" Ich muss schlucken. „Natürlich der Papa. Was denkst du denn?", sagt da eines der Kinder und schüttelt verächtlich den Kopf. „Ich frag ja nur …", murrt das andere Kind und sticht mit der Gabel so fest in das Käsewürstchen, dass es ringsum spritzt.

Mein Kind malt am Heftrand Girlanden und Blumen. Ich gebe den Text mit der Personenbeschreibung zurück und weise auf ein paar Rechtschreibfehler hin: „Begräbt schreibt man mit „ä" … das kommt vom Wort ‚graben'." Lustlos wird der Buchstabe ausgebessert.

Es ist nicht die einzige Personenbeschreibung von mir, die ich im Laufe der Schulzeit von meinen Kindern zu lesen bekommen habe. Manchmal ist es zum Schmunzeln, manchmal folgt ein Blick in den Spiegel, nachdem ich gelesen habe, dass meine „Haare in alle Richtungen stehen". Und manchmal denke ich lange darüber nach. So wie über diese.

Darüber, wie man meinen Beruf beschreiben kann. Und was das Zentrale an ihm ist.

Als Seelsorgerin spreche ich mit Menschen. Ich höre ihnen zu. Das vor allem vielleicht. Ich gehe

Wege mit, die sich außerhalb eines Krankenhauses kaum jemand vorstellen kann. Und fast jeden Tag sehe und berühre ich verstorbene Menschen. Spreche mit Angehörigen, ermutige sie, ein Kreuzzeichen auf die Stirn des Verstorbenen zu zeichnen, ihn zu berühren und zu umarmen. Ein letztes Mal. Und immer wieder gestalte ich auch Beerdigungen. Fast immer mit Menschen, die dankbar sind für die gemeinsame Lebenszeit. Manchmal auch von Menschen, bei denen man den Eindruck hat, dass man erleichtert ist über ihren Tod. Und manchmal, ja … da ist niemand, der das Bedürfnis hat, sich zu verabschieden. Nicht im Krankenhaus. Nicht am Friedhof.

Jahre später lese ich wieder eine Personenbeschreibung von mir. Diesmal von einem anderen Kind und mit anderen Worten natürlich. Ich bin auf alles gefasst (denke ich). Ich erwarte wieder jede Menge Tod und Sterben und atme tief durch, bevor ich das Heft nehme. Nach einer längeren Beschreibung meiner Schwerpunkte im Haushalt (Meine Mama mag Putzen nicht), folgt eine Schilderung meines Kleidungsstils (Sie mag gestreifte Sachen), meines Fahrstils (Wenn jemand komisch Auto fährt, sagt meine Mama, dass er den Führerschein gewonnen hat) und dann endlich auch etwas über den Bereich, den ich etwas besser im Griff zu haben scheine als die Küche, meine Garderobe oder das Verhalten beim Autofahren: „Der Beruf meiner Mutter ist unbeschreiblich.“

Alltag

Plötzlich höre ich die Sirene. Ich kann noch kein Einsatzfahrzeug sehen, aber vorsichtshalber fahre ich etwas zur Seite, um ein Vorbeikommen zu ermöglichen. Kurze Zeit später kommt mir ein Polizeiauto entgegen, dicht gefolgt von einem Rettungswagen. Einen kurzen Blick erhasche ich durch die Windschutzscheibe und sehe ernste, konzentrierte Gesichter.

Beim Weiterfahren muss ich immer wieder daran denken. Einsatzkräfte funktionieren im Ernstfall. So wie das Personal im Krankenhaus. Da ist eine gewisse Routine, klare Abläufe … da bleibt wenig Zeit zum Nachdenken. Mir geht es da nicht anders.

Während ich weiterfahre – ich bin auf dem Weg nach Hause und allein im Auto –, gehe ich in Gedanken durch diesen Tag. Früh morgens hat er gestartet. Wir sind ein eingespieltes Team, mein Mann und ich, wenn wir beide zu Hause sind. Während er das Frühstück vorbereitet, wecke ich die Kinder und bereite die Jause für die Schule vor. Immer wieder rufe ich dazwischen mal die Kinder, die nicht gerade begeistert vom frühmorgendlichen Aufstehen sind. Irgendwann sitzen wir dann alle am Tisch. Manchmal kaut jeder vor sich hin, manchmal müssen noch Dinge geregelt und besprochen werden für den Tag, ab und an suchen wir nach Geld in unseren Geldtaschen, weil da plötzlich Kopierbeiträge oder Theaterkarten in der Schule bezahlt werden müssen.

Wenn es sich einrichten lässt, fahre ich dann gemeinsam mit den Kindern in die Stadt. Ab und an ist das etwas anstrengend – morgendliches Aufstehen ist gelegentlich mit schlechter Laune verbunden, die dann die Geschwister jeweils einander spüren lassen. Manchmal verordne ich ein Sprechverbot im Auto – es sei denn, es wird etwas Nettes oder Überlebensnotwendiges gesagt. Gute fünf Minuten herrscht dann Stille im Auto. Danach beginnt das Spiel von vorne.

Es ist eine schöne Strecke, die wir da zurücklegen. Die aufgehende Sonne, die Wolken, die unten im Tal zu sehen sind, wenn wir den Pass hochfahren, und die Nebelschwaden, durch die wir dann hinunter in die Stadt abtauchen … die Wälder, die sich im Herbst färben, und die Pracht der Dolomiten in der frühen Morgensonne. Sie tun gut auf dem Weg zu Schule und Arbeit.

Wenn die Kinder dann bei der Schule aussteigen, fahre ich noch ein kleines Stück weiter bis zum Krankenhaus. In Gedanken bin ich da meistens noch ziemlich bei unserem familiären Alltag. In der Parkgarage ändert sich das dann langsam.

Manchmal, wenn ich dann bei der Portierloge vorbeigehe, kommt schon ein erstes „Maria, kannst du mal reinkommen?“, und ich höre schon erste Anfragen von Stationen, die dringend auf mich warten. In meinem Büro dann ziehe ich mich um, schlüpfe in meine Krankenhaus-Patschen und den weißen Kittel … fahre den Computer hoch, schalte die Umleitung des Telefons um und … der Tag beginnt.

Selten gemächlich. Ich habe am Tag davor schon eine Liste vorbereitet, welche Patienten schon auf mich warten und was zu tun ist. Ich sehe nach dem Rechten in der Kapelle, lege neue Impulse auf, tausche die Plakate aus und immer wieder läutet das Telefon. Manchmal mit Anfragen von Stationen, manchmal sind es Angehörige oder Menschen, die mich auf andere Weise anfragen möchten.

An einem Tag kann ich auf der einen Station mich mit jemandem mitfreuen über die guten Behandlungserfolge und dann im Zimmer daneben jemandem zuhören, der gerade eine schwere Diagnose erfahren hat. Mal wird ein Patient von Glaubenszweifeln gepackt, mal höre ich von Visionen und wundersamen Dingen. Es gibt Menschen, die mir anvertrauen, was sie noch nie jemandem erzählt haben, und es gibt Menschen, die die wohl schwersten Stunden ihres Lebens gerade durchleben.

Ich erkläre Kindern, woran sie erkennen, dass der verstorbene Papa tatsächlich tot ist, weil es niemand anderer schafft oder hört, dass das das Einzige ist, das dieser kleine Mensch im Augenblick braucht: Die Gewissheit, dass wirklich geschehen ist, was ihm gesagt wurde.

Und ich zünde Namenskerzen an, um einem Sternenkind gemeinsam mit seinen Eltern einen Namen zuzusprechen und es nicht nur zu verabschieden, sondern vor allem auch einmal zu begrüßen und mit einem Namen anzusprechen.

Ich werde von Stationsteams zu einem Kaffee eingeladen und wir unterhalten uns kurz über die Welt „da draußen" mit Kindern „im besten Alter", über Ballkleider für den Schulball und die Schwierigkeit von Prozentrechnungen für so manches Kind. Nach ein paar Minuten tauchen wir dann wieder komplett ein in den Krankenhaus-Alltag. Funktionieren. Haben Routine … und sind doch immer Mensch. Berührt tief im Inneren von dem, was im Krankenhaus so mancher erlebt.

Ich komme kaum dazu, im Zeiterfassungssystem einzutragen, wie viel Zeit ich mit meiner Arbeit verbracht habe. Mails schaffe ich fast nie rasch zu beantworten. Ich bin manchmal auch ein bisschen überfordert damit, Termine für Vorträge oder fachliche Impulse in meine Realität mit Familie, Bauernhof und eben – Krankenhaus – hineinzupassen. Irgendwie gelingt es aber doch immer wieder.

Ich werde gelegentlich gefragt, wie das alles überhaupt möglich ist. Meine Antwort: Ich weiß es eigentlich nicht so genau. Gute Planung. Gute Organisation. Hilfreich ist, dass ich alles eigentlich wirklich gerne mag (mit Ausnahme von Sitzungen vielleicht – und Elternsprechtagen). Und doch gibt es eigentlich nur eine Möglichkeit: Schritt für Schritt. Tag für Tag, Vorhaben für Vorhaben.

Es ist ein wenig so wie bei der Feldarbeit im Sommer. Feldstück für Feldstück, Rechenzug für Rechenzug. Es klappt nicht, alles auf einmal und zur selben Zeit zu machen. Aber nach und nach … mit ruhigen Momenten dazwischen zum Zur-Ruhe-Kommen und Stille. Den ganzen Tag mehr oder weniger immer ein offenes Ohr haben zu sollen, macht die Sehnsucht nach Ruhe groß.

Ich genieße die halbe Stunde im Auto nur für mich. Die Gedanken gehen zu dem, was hinter mir liegt. Die Begegnungen, die Gespräche, die Situationen.

Das Heulen der Sirene reißt mich heraus aus den Gedanken. Etwas weiter vorne ist die Ampel. Rot. Ich bleibe stehen und denke an die Einsatzkräfte im Polizei- und Rettungswagen. Überlege kurz, welche Situation da jetzt wohl auf sie zukommt, und hoffe insgeheim, dass es kein Notfall dann für mich wird und ich einen Anruf bekomme und wieder ins Krankenhaus gerufen werde. Denn auch das kommt vor. Akutsituationen, in denen seelsorgliche Begleitung gewünscht und gebraucht wird.

Schnell schiebe ich den Gedanken beiseite. Die Ampel wird wieder grün und ich fahre weiter Richtung nach Hause. Und je höher ich in die Berge hinaufkomme, je weiter ich (beinahe) über die Berggipfel hinwegsehen kann, umso leichter wird mir.

Wenn ich dann schon den Kirchturm unseres Dorfes sehe und die vertrauten Berggipfel, fühle ich mich, als wäre ich ganz woanders. Beinahe in einer anderen Welt, auf einem anderen Planeten.

Ich trage meine roten Schuhe statt der bequemen Patschen im Krankenhaus. Ich ziehe den Reißverschluss meiner Jacke zu, wenn ich zu Hause aus dem Auto steige, weil es bei uns oftmals deutlich kühler ist als in der Stadt … und – ich atme tief durch.

Wenn es schon dunkel ist, wenn ich nach Hause komme, bleibe ich oft auf dem Platz zwischen unserem Haus und dem Stall stehen und schaue hinauf in den Himmel. So viele Sterne! Wie fern sie doch sind – und wie fern ihnen diese, unsere Welt doch ist. Ich sehe einzelne Sterne da oben … aber ob der einzelne Stern mich sieht? Ich wundere mich selbst über meine eigenen seltsamen Gedanken. Ich schließe das Auto ab und gehe hinauf zum Haus.

Wenn ich dann die Haustür öffne, spüre ich schon das Gefühl von zu Hause. Die Schuhe erwarten mich kreuz und quer verstreut im Vorzimmer. Unser Hund wedelt mit dem Schwanz und schaut mich freundlich aus dem Körbchen hinter der Tür an. Ich höre Töpfeklappern, die Stimmen der Kinder … bekomme schon erste Anfragen zu Vokabeln, höre Unmut über ungerecht verteilte Aufgaben („Schon wieder muss ich den Tisch decken!"), werde umarmt, bekomme einen Kuss von meinem Mann und – bin zu Hause.

Orangen

Am Himmel ziehen die Wolken hin und her, mal blitzt die Sonne durch die Wolkenbänder, dann wieder ist alles dunkelgrau und wirkt regenschwer. Das Fenster ist gekippt, mein Gegenüber atmet schwer. Fast jeden Tag komme ich für eine kleine Weile. Wir kennen uns erst seit wenigen Wochen. Die erste Begegnung war ein wenig merkwürdig: „Kennen Sie das Gebet, das mit ‚Ich glaube an Gott …' anfängt?", hatte er mich gefragt und von den Schwierigkeiten erzählt, die richtigen Worte zu sprechen. Deutsch war nicht seine Muttersprache, aber mittlerweile schon viel vertrauter geworden als die Erstsprache. Der Patient hatte ein bewegtes Leben hinter sich und auch wenn es keine Flucht vor Verfolgung war, so war sein Kommen hierher nach Österreich nicht wirklich freiwillig gewesen. Viele Jahre schon waren seitdem vergangen. Einsam war es hier. Ohne Freunde und Familie aus der Heimat. „Höflich sind die Menschen mit mir hier", bemerkte er irgendwann. „Aber es sind keine Freunde geworden."

Jetzt, gezeichnet von schwerer Krankheit, wiegt diese Erfahrung noch mehr. Es fällt auch im Patientenzimmer auf, dass hier niemand zu Besuch kommt. Es gibt keine Blumen auf der Fensterbank, keine mitgebrachte Schokolade, keine saubere persönliche Kleidung mehr. Mein Gegenüber trägt das Krankenhaushemd, am Nachttisch liegt das Mobiltelefon – der einzige Kontakt zu den ehemals so vertrauten Menschen weit entfernt. Aber jetzt fehlt die Kraft. Sprechen ist anstrengend geworden. Auch in der Muttersprache. Nachrichten schreiben, lesen oder beantworten: unvorstellbar.

Das Pflegepersonal bemüht sich, eine liebevolle Umgebung zu schaffen. Im Raum duftet es nach Lavendel, eine weiche bunte Decke liegt über den dünn gewordenen Beinen. Ein kuscheliges Handtuch ist über den Kopfpolster gebreitet. Immer wieder nimmt sich jemand Zeit, ein wenig da zu sein. Und doch ist sie für alle spürbar – die tiefe Einsamkeit dieses Menschen.

Fast jeden Tag komme auch ich vorbei. Sitze bei ihm am Bett. Vor wenigen Wochen noch hatten wir miteinander gesprochen, ich hörte Geschichten vom schwierigen Beruf, von Freuden im Leben, aber auch vom großen Kummer, hier in Österreich eigentlich ganz allein zu sein. Mit Weitblick hatte er schon Vorkehrungen getroffen: das Gespräch mit dem Bestatter geführt, die Urne ausgewählt und den Ort der Beisetzung bestimmt. Auch bezahlt war schon alles. Denn: „Wer würde denn hierherkommen, nur um mich zu beerdigen?" Mein Gegenüber sagte es fest, ohne Zittern in der Stimme. Und doch gab es eine kleine, stille Träne, die sich einen Weg über seine Wangenknochen bahnte.

Das Glaubensbekenntnis hatte ich für ihn ausgedruckt, sodass es leichter war mit den deutschen Worten. Fast jede Zeile waren wir miteinander durchgegangen, hatten theologische Grundfragen besprochen und nach anderen Worten gesucht, wenn die Formulierung kaum übersetzbar war in seine Muttersprache. Und – wir hatten gemeinsam dieses Gebet gesprochen. Geübt fast, denn er wollte es auswendig sagen können. „Ich brauche etwas zum Sprechen, wenn der Schmerz mich überrollt."

Als ich die Zimmertür öffne, fällt auf dem Gang draußen etwas scheppernd zu Boden. Mein Gegenüber schreckt auf und blickt mich direkt an. „Ich hätte so gerne Orangen", höre ich, als ich die Tür leise schließe.

„Orangen?" Er reagiert nicht, die Augen sind halb geschlossen, der Atem ist schwer. Fast fünf Minuten sitze ich ruhig am Bett und warte. Als die Augen langsam geöffnet werden, huscht ein Lächeln über sein Gesicht. „Orangen. Ich habe Orangen immer so sehr geliebt." Wieder schläft er ein.

Ich überlege: Wo kann ich hier im Krankenhaus Orangen finden? Ganz sicher bin ich nicht, ob nicht doch Orangensaft besser ist. Schon lange ist ihm feste Nahrungsaufnahme nicht mehr möglich. Ein Becher Wasser mit einem Strohhalm steht am Nachttisch. Daneben liegt das Blatt mit dem Text des Glaubensbekenntnisses.

Beim nächsten Aufwachen ist sein Blick anders als zuvor. Es ist, als würden die Augen etwas sehen, das ich nicht erkennen kann. „Orangen …" – leise und ganz langsam wird das Wort gesprochen. „Dass ich endlich Orangen bekomme …" – er wirkt zufrieden. Ein Lächeln huscht über sein Gesicht. Meine Anwesenheit bemerkt er offenbar nicht. Die Pausen zwischen den Atemzügen werden immer länger. Irgendwann ist nichts mehr zu hören. Ich blicke auf die Uhr, betrachte mein Gegenüber.

Ich muss lächeln, als ich an die Orangen denke. Nach einer Weile nehme ich das Blatt mit dem

Glaubensbekenntnis. Langsam spreche ich die Worte, die wir vor einiger Zeit noch gemeinsam gebetet hatten. Die Sonne taucht das Zimmer in ein sanftes Licht, fast ein wenig orange.

Im Auto

Es ist ein warmer Herbstnachmittag. Immer wieder, alle paar Wochen, treffen wir uns hier. Der Mitarbeiter der Bestattung und ich. Es fühlt sich fast schon vertraut an. Wir kennen einander nun schon eine Weile, wir verstehen uns mit Blickkontakt.

Es ist ein gutes Miteinander. Stadtgemeinde mit Friedhofsarbeitern, die Bestattung und ich … gemeinsam ermöglichen wir Eltern ein gutes Abschiednehmen von ihren Sternenkindern. Es gibt alle paar Wochen eine Verabschiedungsfeier beim Kindergrab. Nur die betroffenen Eltern wissen davon und können dabei sein, wenn sie es möchten. Beerdigt werden alle Kinder. Unabhängig von der Schwangerschaftswoche, in der ihr Leben hier auf Erden erfüllt war.

An diesem Nachmittag spüre ich, wie müde ich bin. Die ganze Woche war herausfordernd gewesen, zeitlich war ich sehr gefordert. Die erste Schulwoche und das Koordinieren von Terminen mit allen vier Kindern … keine einfache Aufgabe. Und doch bin ich früher am Friedhof als gedacht. Der Bestattungsmitarbeiter ist überrascht – immerhin kennt er mich schon lange und weiß, dass ich oft erst fünf oder zehn Minuten vor dem Termin ankomme.

„Trinken wir noch einen Kaffee?“ Ich nicke.

Wir setzen uns mit dem Friedhofsgärtner in den kleinen Aufenthaltsraum und sprechen über dieses und jenes. Ich spüre, wie müde ich eigentlich bin. „Du bist froh, dass jetzt dann Wochenende ist“, sagt der Bestattungsmitarbeiter. Ich nicke. „Ja, ich bin k. o.“, sage ich. Kurz schauen wir auf die Uhr, ein bisschen Zeit haben wir noch.

Wir sprechen darüber, welche Strategien jeder von uns hat, um ein wenig abzuladen, was da schwer wiegt manchmal. Ich bin an diesem Tag fast zu müde, um mir etwas vorzustellen, was mir helfen könnte.

„Schrei doch einfach mal ganz laut, wenn du allein im Auto bist.“ Ich muss grinsen. Ja, vielleicht wäre das wirklich einmal eine Idee.

Die Zeit schreitet voran, wir gehen gemeinsam zum Kindergrab. Wir sind ein gutes Team mittlerweile. Die Musik wird eingespielt, ich spreche. Segne die kleine Urne. Lade die gekommenen Eltern ein, ihren verstorbenen Kindern auch den Segen mitzugeben, die Kerzen zu entzünden. Wir beten miteinander. Verabschieden uns gemeinsam von diesen Kindern, von all den Hoffnungen und Vorfreuden, die mit ihnen verbunden sind und waren. Spüren den Wind in unseren Gesichtern, hören die Musik und das Zwitschern der Vögel.

Als ich nach Hause fahre, fühle ich mich ruhig. Es ist gut, dass es diese Möglichkeit gibt. Ein Geschenk, dass alle Verantwortlichen dieses Abschiednehmen in Würde so sehr unterstützen.

Irgendwann auf dem Heimweg fallen mir die Worte des Bestattungsmitarbeiters ein. Ich muss ein wenig schmunzeln. Es ist heiß im Auto, obwohl es doch schon Herbst ist. Aber die Sonne hat es am Parkplatz wohl ziemlich aufgewärmt. Ich öffne das Fenster auf der Beifahrerseite. Warmer Fahrtwind weht herein. Es fühlt sich gut an.

Ich spüre, dass die Woche bei aller Erfülltheit doch auch Spuren hinterlassen hat. Es fühlt sich schwer an, traurig schwer.

Bei einer Ampel überkommt es mich. Ich starte einen Versuch. So recht spielt meine Stimme nicht mit. Ich vergewissere mich, dass niemand sonst an der Ampel steht. Und dann bekommt meine Stimme die Stärke der ganzen Woche zu spüren.

Ich fühle mich leichter. Es fühlt sich erstaunlicherweise tatsächlich gut an.

Die Ampel ist immer noch rot. Durch das Beifahrerfenster schaue ich hinüber zu einem anderen Auto. „Das braucht man manchmal“, ruft der Fahrer im Nachbarauto mir zu, hebt die Hand zum Gruß und lacht. Die Autos hinter mir hupen. Es ist längst grün geworden.

Da fällt mir erst auf, dass das Fenster auf der Beifahrerseite ja geöffnet war.

Nacht

Zuerst bin ich unsicher. Mit einem Mal bin ich aber hellwach. Das ist mein Dienst-Telefon! Leise höre ich die Melodie im unteren Stockwerk. Ein Blick auf den Wecker verrät mir: Es ist mitten in der Nacht. Langsam schäle ich mich aus der warmen Bettdecke. So fein warm ist es hier. Im Halbdunkel suche ich meine Hausschuhe und finde den Weg über die Treppe hinunter zum Telefon. Natürlich läutet es längst nicht mehr. Ich tippe, um zu sehen, wer da angerufen hat, und rufe zurück. Der Portier meldet sich und verbindet mich weiter.

Am kalten Fenster lehnend und ein bisschen fröstelnd höre ich, was geschehen ist. Es braucht einige Zeit, um mich zu sammeln. „In einer halben Stunde ungefähr bin ich da", höre ich mich sagen. Leise tappe ich die Treppe wieder hinauf, suche im Halbdunkel Kleidung und verabschiede mich von meinem Mann. Im Bad werfe ich einen Blick in den Spiegel. Müde sehe ich aus. „Hätte ich doch gestern die Haare gewaschen", denke ich, während ich die Locken zurechtzupfe. Ich wundere mich über mich selbst. Das ist doch jetzt überhaupt nicht wichtig.

Im Auto spüre ich, wie müde ich eigentlich bin. Langsam, im Licht der Scheinwerfer, fahre ich Richtung Krankenhaus.

Vor Jahren war ich in einer ähnlichen Situation in eine Polizeikontrolle geraten. In der Eile hatte ich meine Geldtasche mit dem Führerschein vergessen. Der Polizist damals war nicht sehr freundlich. Erst als ich ihm von meinem Ziel erzählte, meinen Namen nannte und den Vorschlag machte, den Führerschein dann in der Früh zur Polizeistation zu bringen, wandelte er sich. Tiefe Betroffenheit war spürbar, er winkte mich eilig weiter und wollte noch nicht mal die anderen Fahrzeugpapiere sehen.

Als ich an der Stelle von damals vorbeifahre, ist alles dunkel. Dieses Mal hätte ich alles dabeigehabt. Niemand ist unterwegs in dieser Nacht.

Irgendwo auf der Strecke steht ein Hirsch mitten auf der Fahrbahn. Am Rand stehen noch weitere Tiere – ich kann rechtzeitig bremsen. Beide sind wir mächtig erschrocken, doch der große Geweihträger macht keine Anstalten, die Fahrbahn zu verlassen. Ich schalte das Licht ab und langsam wendet sich das Tier seiner Herde zu. Vorsichtig fahre ich weiter. Später, schon in der Nähe des Krankenhauses, überholt mich ein Krankenwagen mit Blaulicht.

„Du kommst echt immer, wenn man dich braucht“, nickt mir der Portier zu, als ich an ihm vorübergehe. „Man tut, was man kann“, schmunzle ich. Ein bisschen Smalltalk, während ich auf den Lift warte. Der Portier reicht mir den Schlüssel, um Zugang zum Liftausgang zu haben. „Alles Gute“, sagt er. Ich nicke.

Nach einem kurzen Gespräch mit einer Hebamme mache ich mich auf den Weg. Ich klopfe und schiebe leise die Tür auf. Mein Blick geht kurz zum Fenster. So dunkel ist es draußen. Hier drinnen leuchtet ein sanftes Licht im Hintergrund.

Die nächsten Stunden verbringe ich hier. Lege ein verstorbenes Kind in die Arme seiner Mutter. Halte den weinenden Vater. Spreche mit den Eltern über die Bedeutung des Begrüßens *vor* dem Verabschieden. Gerade dann, wenn Tod und Lebensanfang einander begegnen.

Die Hebamme legt das Kind in eine weiche Decke, macht Fuß- und Handabdrücke als Erinnerung. Gemeinsam begrüßen wir das Kind, beten miteinander vertraute Worte, weil eigene Worte fehlen. Die Eltern zeichnen sanft ein Kreuzzeichen auf die Stirn ihres Kindes, sprechen es das erste Mal mit dem so lange vorbereiteten Namen an.

Früh morgens wird dann eine Fotografin kommen und Bilder machen. Für die Eltern ist das zwar zuerst kaum vorstellbar, dass man Fotos von einem verstorbenen Kind macht, aber sie vertrauen uns, dass Eltern rückblickend immer sehr dankbar für diese Möglichkeit sind.

Es ist unfassbar, was geschehen ist. Die Eltern brauchen auch Zeit miteinander. Ohne Personal ringsum. Wir ziehen uns zurück, trinken Kaffee und Tee. Es gibt nichts zu sagen. Wir schweigen.

Irgendwann sitze ich mit den Eltern im Zimmer. Langsam wird es hell draußen. Die aufgehende Sonne taucht den Raum in ein sanft schimmerndes Licht. Wir betrachten den kleinen Menschen, der mit so viel Vorfreude erwartet wurde und nun in tiefer Trauer verabschiedet werden muss. Die Liebe und Sehnsucht schmerzen.

Ich verabschiede mich für die nächsten Stunden. Am Nachmittag werde ich dann wiederkommen und über den Abschied und die Beerdigung mit den Eltern sprechen. Jetzt aber gehört ihnen die Zeit mit ihrem Kind. Wenige Stunden, die ihnen geschenkt sind.

Als ich aus der Krankenhausgarage und die noch sehr ruhigen Straßen entlang nach Hause fahre, sehe ich den roten, wolkigen Himmel über mir. Die Sonnenstrahlen tauchen den ganzen Talboden in ein goldenes Licht. Ich fühle mich traurig. Und müde.

Bei einer Bäckerei bleibe ich stehen und kaufe frisches, warmes Brot. Eingehüllt in den Brotduft fahre ich weiter.

Abschied

„Ach Maria!" Die Patientin freut sich offensichtlich, dass ich da bin. Seit gut einem Jahr kennen wir uns. Bei fast jedem Krankenhaus-Aufenthalt haben wir miteinander gesprochen. Wir sind ungefähr gleich alt. Das macht das Miteinander nicht gerade einfacher – zu vertraut ist mir ihre Lebenswelt. Es fällt nicht immer leicht, bei aller Verbundenheit doch auch zu trennen zwischen dem, was hier an seelsorglicher Begleitung gefragt ist, und dem, was persönlich mitschwingt.

Es ist kein einfacher Tag heute. Der Tod ist nähergekommen. Mein Gegenüber beschreibt mir eine Gestalt, die schon seit Tagen wahrnehmbar ist. Das genaue Muster der Kleidung, die Haarfarbe, der Gesichtsausdruck … ich staune über die klare Beschreibung. „Niemand sieht das, was ich sehe …", sagt sie traurig.

Vielleicht gibt es Phasen im Leben, in denen man Dinge wahrnehmen kann, die andere (noch) nicht erkennen können. Viele Sterbende haben mir schon von Dingen erzählt, die sich rational kaum einordnen lassen. Und doch bin ich zutiefst davon überzeugt, dass das, was gesehen wird, für diese Menschen auch tatsächlich existiert.

Die Patientin bittet mich auch, einmal aus dem Fenster in die Richtung zu blicken, in der die Gestalt offenbar ihren Platz hat. „Du siehst sie nicht." Die Feststellung ist ganz deutlich und klar. „Ich bin wohl noch nicht so weit, dass ich das kann", sage ich. Sie nickt.

Wir haben in den Tagen zuvor über das Abschiednehmen gesprochen. Und darüber, wie wertvoll es wäre, den Kindern und dem Partner einen Brief zu hinterlassen. Die Kräfte reichen aber nicht aus, um selbst all die Worte zu Papier zu bringen.

Ich nehme ein Blatt Papier und einen Stift und schreibe, was sie mir sagt. Immer wieder unterbrochen von Tränen und Atemholen. Dann aber, nach kurzer Zeit des Sich-Sammelns, höre ich ganz deutlich die Worte, die in dem jeweiligen Brief stehen sollen. „Bitte mach aber schnell", sagt sie.

Ich eile in mein Büro, tippe die Worte am Computer, wähle eine schöne Schriftart aus und drucke die einzelnen Briefe. Ich suche Kuverts und einen gut schreibenden Stift. Dann gehe ich wieder auf die Station zurück.

Brief für Brief lese ich vor. Mein Gegenüber nimmt Blatt für Blatt, schreibt noch eine persönliche Zeile dazu, malt Herzen und beschriftet das Kuvert. So gestalten wir gemeinsam Brief für Brief. Ich verschließe die Kuverts, wir legen sie in die Schublade des Nachtkästchens. Die Patientin ist müde, es wirkt fast so, als wäre eine große Last von ihr abgefallen.

„Beten wir noch?“ Sie bittet mich das fast jedes Mal. Auch heute. Wir halten einander an den Händen, sprechen vertraute Worte. Sie wird ruhig und schließt die Augen. Ich bleibe noch ein wenig sitzen.

„Es ist gut so … sagt sie da drüben …“, höre ich leise. Mein Gegenüber öffnet leicht die Augen und deutet hinüber aus dem Fenster. „Ich weiß, dass du sie nicht sehen kannst. Aber wenn du rüber zur Kapelle gehst, kannst du nicht kurz reinschauen und schöne Grüße von mir sagen und dass ich sie gut sehen kann und ich froh bin, dass sie da ist?“

„Ist sie denn in der Kapelle?“, frage ich.

„Ich weiß nicht, aber von dort kann sie dich hören.“

Während ich hinübergehe in den anderen Krankenhaus-Trakt, in dem sich auch die Kapelle befindet, zweifle ich. Sage ich das wirklich, was mir die sterbende Frau aufgetragen hat?

Als ich die schwere, große Tür zur Kapelle öffne, stelle ich erleichtert fest, dass sie leer ist. Niemand sitzt darin. Leise gehe ich hinein und setze mich auf einen Platz.

Es ist ganz ruhig dort. Die Nachmittagssonne erleuchtet die Berggipfel, die man durch die Glasfront sehen kann. Kurz scheint es so, als würde etwas rot blinken. Ich blinzle. Alles wirkt ganz normal. Vielleicht bin ich einfach nur müde?

Da – noch einmal. Ein kurzes, rotes Funkeln. Ein Lichtstrahl leuchtet direkt durch ein rotes Glasstück im Fenster. Direkt zu mir. Ich muss lächeln. Offenbar gibt es tatsächlich Dinge, die man nicht immer im Leben sehen kann … aber vielleicht erahnen.

Die andere Seite

Ich liege im Krankenbett. Am liebsten würde ich die Decke über den Kopf ziehen. Der Wagen mit dem Bildschirm für die Visite steht mir schräg gegenüber, dahinter eine Ärztin mit freundlichem Blick. Neben mir eine andere Ärztin, die sanft meine Hand hält.

Ringsum noch junge angehende Mediziner und eine Pflegeperson. Ich werde erwartungsvoll angeblickt, jemand reicht mir noch ein Herzkissen – wie es alle Patientinnen hier auf der Station erhalten.

Aus bunten Stoffen genäht mit langen „Ohren“, damit das Kissen gut unter die Achsel gelegt werden und Druck von der Operationswunde nehmen kann. Zuerst bin ich etwas unbeholfen, aber die Pflegerin hilft mir und erklärt, wie das Kissen gehandhabt werden kann.

Ich muss schlucken. „Wisst ihr, es ist total komisch hier auf der anderen Seite“, sage ich zu allen Versammelten. Ernst schaut jetzt jeder – denn eigentlich ist das jedem bewusst: Ein Erkrankter fühlt sich in derselben Situation völlig anders als der Behandelnde und Betreuende. Wir hier jetzt sind eigentlich Kollegen. Wir arbeiten zusammen, begleiten Patientinnen mit Brustkrebs – manche für einige Monate, manche jahrelang.

Immer wieder mache ich mir selbst bewusst, wie wichtig dieses Bett hier im Krankenzimmer ist. Es ist so etwas wie eine kleine private Insel: ein Bereich, der für die Patientin bestimmt ist. Man setzt sich nicht auf das Bett, man setzt sich auf den Stuhl daneben. Das hat natürlich auch hygienische Gründe, aber hat wohl auch viel mit Wertschätzung zu tun. So viel Vertrautes fehlt dem Kranken im Moment, viele Sicherheiten brechen mit einer Diagnose zusammen und es gibt oft mehr Fragen als Antworten. Wenigstens das Bett als persönlichen Rückzugsraum zu wissen, ist das Mindeste in dieser Situation.

Nur: Jetzt ist es anders. Ich liege in diesem Bett und man steht um dieses Bett herum. Ein Stück Persönliches ist spürbar in der Hand, die mir gereicht wird, und im freundlichen Blick. Aber eigentlich bin ich einsam und allein in diesem Bett. Kein gutes Gefühl.

Die weiße Kleidung, die weißen Mäntel – sie wirken wie eine Grenze zwischen mir und den Behandelnden. Nicht, dass mir das zuvor nicht bewusst gewesen wäre, aber jetzt sehe ich es mit anderen Augen. Auch ich trage normalerweise einen weißen Mantel über meiner Zivilkleidung, da findet sich dann auch ein Schild mit meinem Namen und meiner Funktion. So kann ich zugeordnet werden und mein jeweiliges Gegenüber erkennt, wer da ist. Jetzt fällt mir allerdings auf, dass das kaum lesbar ist, vom Bett aus. Eigentlich schließe ich einfach aus der Kleidung auf die Funktion. Mit dem Vorteil, dass ich die handelnden Personen ja gut kenne. Mit manchen von ihnen verbindet mich Freundschaft, wir sind mehr als Kolleginnen.

Ich richte mich im Bett etwas auf, die Decke wird zurechtgerückt. „Liegst du bequem?", fragt jemand. Die Sonne blendet mich, die Lamellen der Jalousien werden verändert. Nun ist das Bett ganz im Schatten – es gibt keine Sonnenflecken mehr auf der weißen Decke. Mein Blick wandert zwischen den Menschen im Raum hin und her. Da wird am weißen Mantel gezupft, jemand bindet sich die Haare neu zusammen und zwei sprechen auch leise miteinander. Am Fußende des Bettes gegenüber liegt mein Mantel. Weiß und frisch aus der Wäscherei des Krankenhauses. Mein Telefon in der Manteltasche läutet. Jemand sucht es und liest mir vor, wer da gerade anruft. „Ich werde gleich zurückrufen", sage ich. In diesem Moment verstummt das Telefon und alle Blicke sind wieder auf mich gerichtet.

„Tut einfach ganz natürlich, wie in einer normalen Visitensituation." – Der Fotograf, der diese Szenen festhalten wird für einen Beitrag zum Thema Brustkrebs, gibt klare Anweisungen.

Es ist nur ein Bild. Ich bin nicht wirklich auf der anderen Seite. Ich bin gesund und es sind eigentlich nur zehn Minuten meiner Dienstzeit hier im Krankenhaus, die ich in diesem Bett und später noch auf einem Sessel im Besprechungszimmer verbringen werde, wo mir anhand eines Modells gezeigt wird, wie man einen Knoten in der Brust erkennen kann.

Es sind „nur" Bilder. Es sind meine Kollegen, mit denen ich später noch über unsere Kinder sprechen werde, die dieselbe Klasse besuchen. Wir machen uns gemeinsam Gedanken darüber, wie eine Patientin in ihrem Kummer durch den Verlust ihrer Haare bei der Chemotherapie unterstützt werden kann. Eine Woche später werden wir über eine Veranstaltung zum Bewusstmachen der Wichtigkeit der Brustuntersuchung sprechen, und die seelsorgliche Begleitung der Betroffenen wird auch Thema bei der Rezertifizierung als Brustgesundheitszentrum sein.

Und doch – es hat sich etwas verändert in mir. Ich bin kurze Zeit in die Rolle „auf der anderen Seite“ geschlüpft. Und ohne Diagnose, ohne wirkliche Ungewissheit über den weiteren Verlauf und inmitten von mir eigentlich vertrauten Menschen und Abläufen war da dieses Gefühl des Ausgeliefertseins. Kein schönes Gefühl. Aber lehrreich. Und wichtig. Vielleicht sollte jeder von uns Betreuenden ab und an mal einige Zeit „auf der anderen Seite“ verbringen. Es rückt so manches zurecht.

Schlafen

„Ich kann einfach nicht schlafen." Die Patientin hat dieses Problem offenbar schon viele Jahre. Jetzt ist noch eine schwerwiegende Diagnose hinzugekommen. Die Gedanken kreisen. Um das Leben. Auch ums Sterben. Das Schlafen fällt jetzt noch schwerer als sonst.

Viele Monate ist sie schon in Behandlung, aber wir haben uns noch nie vorher getroffen. „Was soll ich mit Seelsorge?" – so hatte sie gedacht, als immer mal wieder jemand vom Personal vorsichtig hatte anklingen lassen, dass es dieses Angebot gäbe.

„Da kommt dann jemand, der keine Ahnung vom Leben hat und nur die Sicht der Kirche kennt …" – sie entschuldigt sich im selben Augenblick, in dem die Worte ausgesprochen sind, schon wieder dafür. „Woher sollte ich denn wissen, dass da eine Frau kommt, die selber Familie hat?" – ich muss lächeln. „Ja, manchmal kommt es anders, als man denkt."

Einen Moment ist es still. „Die Nachtschwester hat mir gesagt, ich sollte mal bei Ihnen vorbeischauen, weil Sie eine Frage haben", sage ich. Mein Gegenüber ist um Fassung bemüht, schluckt die

Tränen offensichtlich hinunter. Ich reiche ein Taschentuch. Und dann höre ich, zuerst stockend und immer wieder von Schnäuzen und Tränen unterbrochen, dann aber durchgehend und fast tosend wie ein Fluss all das, was so schwer wiegt, dass es den Atem nimmt, an die Nieren geht, den Schlaf raubt … – im wahrsten Sinne des Wortes. Und jetzt die Schmerzen unerträglich macht. So, dass kein Schmerzmittel zu helfen scheint. Auch kein Pflaster oder eine Infusion. Nichts. Der Schmerz ist und bleibt da – tief und nagend im Inneren.

Und dann bricht sie heraus, die Frage, die hinter all dem Kummer steht. Ich muss schlucken. Damit hatte ich nicht gerechnet. Ich mache mir Notizen, verspreche wiederzukommen und in der Zwischenzeit alles zu versuchen, um Informationen zu erhalten.

In meinem Büro muss ich tief durchatmen. Für mich heute ist es schwer nachvollziehbar, wie man vor wenigen Jahrzehnten noch denken konnte, dass es im Sinne der Familie wäre, so zu handeln, wie man es damals tat. Fast werde ich wütend. Doch dann nehme ich das Telefon und beginne mit der Suche. Es fühlt sich ein wenig an wie ein großes Puzzle. Stück für Stück finde ich und weiß doch nicht genau, an welche Stelle des großen Lebenspuzzles das Teil passt. Aber ich finde einen detailreichen Eintrag mit all den Informationen, nach denen sich die Patientin so sehr sehnt. Ich bekomme einen Plan zugeschickt mit einem Ort, der wohl auch sehr wichtig ist. Jedes kleine Detail, das ich finden kann, versuche ich festzuhalten. Und dann gehe ich wieder ins Krankenzimmer.

Vorsichtig, ein kleines Puzzleteil nach dem anderen, zeige ich, erzähle ich, gebe ich weiter. Nach über 50 Jahren gibt es endlich Antworten auf Fragen, die tief im Innern so lange schon schmerzen.

Mein Gegenüber wirkt erleichtert. So viele Jahre schon quält sie die Sehnsucht nach Antworten – und doch fand sie nicht die Kraft, die Fragen zu stellen. „Ich hatte irgendwie Angst, dass es keine Antwort gibt … Und das wäre noch schlimmer gewesen, als zu hoffen, dass die Antworten doch irgendwo da draußen sind …"

Ungewissheit ist ein schwieriges Gefühl für Menschen. Vermutlich immer. Aber gerade dann, wenn man sich fragt, was mit dem eigenen Kind geschehen ist nach der Geburt, ist das eine ganz spezielle Situation. Vor wenigen Jahrzehnten noch war es ein großes Tabu, vom Tod eines Kindes in der Schwangerschaft oder bei der Geburt zu sprechen. Die Mütter konnten häufig ihre Kinder nicht begrüßen, sich kein Bild von ihnen machen, sich nicht verabschieden.

Und doch hatten sie alle Erinnerungen an diesen so schweren Moment. Ich höre vom Sprung in der Fliese in der dritten Reihe von oben, von links gezählt. Ich höre die Uhrzeit, als das Kind geboren wurde. Mir wird erzählt von der Haarfarbe der Hebamme und vom Tonfall des Arztes. Und vom metallenen Geräusch des Mülleimers, das da kurz nach der Geburt zu hören war.

Ein Geräusch, das sich tief eingeprägt hat. Und die Frage, die man sich nicht zu stellen wagte und die doch quälte: Wurde das Kind etwa …?

Vielleicht klingt es merkwürdig, aber ich spüre tiefe Dankbarkeit in mir, wenn ich erleben darf, wie sehr meine Suche nach Antworten auf die quälenden Fragen unterstützt wird. Wenn eine Mitarbeiterin im Krankenhaus fast sofort im Archiv auf die Suche geht, um einen Eintrag zur Geburt zu finden. Wenn bei der Stadtgemeinde nach Antworten gesucht wird, wo das Kind damals beerdigt wurde.

Die Bürokratie hat meistens ja keinen guten Ruf. Aber in diesem Fall bin ich froh, dass alles so genau aufgeschrieben wurde. Jedes Kind konnte bislang noch „gefunden" werden. Auch wenn es fünfzig Jahre oder mehr sind, die dazwischen liegen: zu wissen, ob es ein Sohn oder eine Tochter ist, die so sehr schmerzlich vermisst wird, eröffnet die Perspektive, einen klaren Namen aussprechen zu können. Zu wissen, wo das Kind begraben wurde – auch wenn niemand dabei war –, ermöglicht auch Jahrzehnte später, den Ort aufzusuchen und ein Licht zu entzünden.

Manchmal stelle ich dann noch eine Namensurkunde aus, wir entzünden eine Namenskerze – rückblickend eigentlich, und doch fühlt es sich oft an, als wäre das Erleben so präsent, als wäre es eben erst geschehen. Wir sprechen über die Veränderungen von Verhaltensweisen, von vermeintlichem Wissen oder „gut meinen" – und darüber, dass das Begrüßen und Abschiednehmen eigentlich hilfreich gewesen wären.

Ich kann davon erzählen, dass sich mittlerweile doch etwas geändert hat im Umgang mit Fehl- und Totgeburt. Und ein Stück weit spür- und sichtbar machen, welche Möglichkeiten und Angebote es für Eltern gibt, die diese Erfahrung heute machen, hier im Krankenhaus. Auch nach vielen, vielen Jahren darf man spüren: Mein Erleben, der Verlust meines Kindes wiegt schwer und bekommt (endlich) Raum.

Für die Patientin damals hatten die Antworten auf die vielen Fragen noch eine Auswirkung: Schlaf. Tiefer, ruhiger Schlaf und das Gefühl, dass die Schmerzmittel doch wirkten.

Glauben und Wissen

„Zweifle dich durch!“ Ich weiß noch, dass diesen Satz jemand zu mir sagte, als ich mit dem Theologiestudium gerade erst begonnen hatte. Ich fand das ziemlich merkwürdig. Was damit wohl gemeint war?

„Zweifle dich durch“, sagte ich mir später irgendwann selbst. Irgendwie schien ich keine Antworten auf Fragen zu finden, sondern hatte das Gefühl, eher in noch weitere Abgründe der Ratlosigkeit gestürzt zu werden. Es taten sich Fragen auf, von denen ich zuvor gar nicht gewusst hatte, dass ich sie mir jemals stellen würde. Innerlich distanzierte ich mich von so manchem, lernte für Prüfungen und versuchte, einen Weg zu finden in der Ambivalenz. Irgendwann ließ das Grübeln nach. Ich wurde pragmatischer. Vor allem in den Jahren, in denen ich in Pfarren arbeitete, wurde mir immer mehr bewusst, dass hier Zwischenmenschliches viel wichtiger war als vieles andere. Man feierte miteinander, trauerte zusammen. Stritt auch. Diskutierte. Schwieg.

Die ersten Jahre im Krankenhaus waren auch eine große Herausforderung für mich und meine

Glaubensgeschichte. Ich war noch nie zuvor so viel Leid und Sterben begegnet. Beinahe jeden Tag war ich mit dem Tod konfrontiert. Und gleichzeitig traf ich auf Menschen, die mir voller Überzeugung von ihren Visionen und Erkenntnissen berichteten. Bei manchen staunte ich, bei manchen aber schauderte mir auch. Und ich wurde mit Menschen konfrontiert, denen Glaube und Religion gar nichts bedeuteten und die es höchst merkwürdig fanden, dass in einem Krankenhaus eine Seelsorgerin tätig war. Etwas, das mich tief betroffen machte, waren Erfahrungen, die Menschen auf sehr ungute Weise mit Kirche gemacht hatten. Nicht, dass ich davon nicht vorher schon gehört und gelesen hatte. Aber Menschen ganz unmittelbar als Gegenüber zu erleben, die Unvorstellbares durchlebt hatten, ihre Geschichten und Erinnerungen zu hören – das war etwas ganz anderes.

„Zweifle dich durch", dachte ich mir immer wieder, wenn ich mich fragte, wie ich trotz der vielen offenen Themenbereiche eigentlich Seelsorgerin sein konnte. Wer mehr Fragen als Antworten hat, kann doch kein gutes Gegenüber sein – so dachte ich anfangs. Mittlerweile bin ich da gnädiger mit mir selbst geworden. Vielleicht weil ich spüre, dass es für Menschen auch hilfreich sein kann, wenn ich sage: „Ja, das ist wirklich schwierig nachzuvollziehen.“ Ich kann manches erklären oder aus dem Blickwinkel der Geschichte in Zusammenhänge bringen. Und es gibt Dinge, die schlicht und einfach nicht in Ordnung sind. Auch nicht in einem historischen Zusammenhang. Da gibt es nichts zu diskutieren oder relativieren. Das so klar auszusprechen, entlastet immer wieder auch den Gesprächspartner und eröffnet eine wertschätzende Basis. Ich muss aber auch nicht alles wissen – und kann es ja in Wirklichkeit gar nicht. Manches bleibt bruchstückhaft, weil es nicht so einfach ist mit klaren Antworten. Da tut es irgendwie gut, dass man von *Glauben* spricht – und nicht unbedingt von *Wissen*.

Die Arbeit prägt mich, hinterlässt Spuren. Auch in meinem Glauben. Natürlich tun vertraute Rituale gut und Gemeinschaft kann auch bestärken – aber für mich spüre ich: Das, was trägt, ist etwas anderes. Etwas, das sich kaum in Worte fassen lässt und das man vielleicht wirklich nur in den tiefsten Tiefen seines Lebens erahnen kann. Äußerlichkeiten haben da nur mehr wenig Bedeutung. Zweifel habe ich immer noch. Meist an der Institution oder so manchem „Bodenpersonal“ – aber dass da einer ist, der durch die tiefsten Tiefen begleitet und dableibt, auch wenn man nur noch Tränen hat, daran habe ich keinen Zweifel (mehr).

Eine andere Welt

Es ist ein warmer Herbsttag. Zu warm eigentlich für diese Jahreszeit. Das Sanitätshaus steht auf dem Programm: Die Kinder bekommen Einlagen für die Schuhe. Während die Mädchen recht entspannt wirken, kommt der Jüngste etwas zerknirscht zum vereinbarten Treffpunkt. Am Vormittag hatte er Wandertag mit der Schule, und ich sehe von Weitem, dass er irgendwie seltsam geht. Als er in der Nähe ist, erkenne ich es: Er ist komplett nass an den Beinen. Die Schuhe scheinen förmlich zu triefen und die Socken sind von der Nässe so dunkel, dass man das Muster gar nicht mehr erkennen kann. Eine unpraktische Kombination mit dem Vorhaben, Einlagen in den Schuhen anzupassen.

Etwas gereizt beschließe ich, ein Schuhgeschäft aufzusuchen und für neue Schuhe zu sorgen. Es wäre ohnehin notwendig gewesen, für die kälteren Tage welche zu kaufen, aber dass das genau in den fünfzehn Minuten vor dem Termin für die Einlagen sein würde, hätte ich nicht so geplant.

Doch es läuft unkomplizierter als gedacht: Die Füße finden ihre Schuhe, bei der Kasse erhalte ich noch einen Sack für die triefendnassen Sachen, und wir machen uns auf den Weg zum Sanitätshaus.

Während wir dort warten, läutet mein dienstliches Telefon. Ich sehe, dass es das Krankenhaus ist, und erwarte eine Anfrage für den Nachmittag. „Maria, es ist dringend. Ich verbinde dich mit der Station", höre ich die Portierin sagen. Und dann höre ich, was geschehen ist.

Als ich das Telefonat beende, fühle ich mich wie in einem Film. Ich bin hier mit meinen vier gesunden Kindern, die sich gegenseitig ärgern und die Wartezeit nicht gerade harmonisch miteinander gestalten. Und nur wenige Minuten entfernt sind da Eltern, die ihr Kind verabschieden müssen, völlig unerwartet.

Es fühlt sich seltsam an, mit dem Verkäufer über die Krankenkassentarife zu scherzen und die Kinder darauf hinzuweisen, dass es auch freundlichere Möglichkeiten gibt, miteinander zu kommunizieren.

Im Auto erkläre ich ihnen, dass der Nachmittag nun etwas anders verlaufen wird. Wir fahren ins Krankenhaus. Dort warten sie (wieder). Diesmal in meinem Büro. Ausgestattet mit guten Dingen zum Essen und Trinken und Lesestoff finden sie sich mittlerweile in solchen Situationen schon gut zurecht.

Und ich gehe einen Stock höher im Gebäude. Betrete ein Zimmer, in dem schon vor dem Drücken der Türschnalle klar ist: Eigentlich gibt es keine Worte. Ich schweige mit den Eltern. Höre, was sie in den letzten Stunden erlebt haben. Nach einem fröhlichen Vormittag mit einem lebendigen Kind, sitzen sie nun hier und halten ihr verstorbenes Kind in den Armen.

Mir nimmt es beinahe den Atem, ich spüre, wie auch ich mit den Tränen kämpfe.

Es tut gut, Eltern in solchen Situationen etwas anbieten zu können. Einen kleinen Wegweiser durch dieses so unbekannte, schreckliche Land der neuen Erfahrung sozusagen. Die nächsten Schritte erklären zu können, die Abläufe im Krankenhaus … und ein Ritual anzubieten, um bewusst Abschied zu nehmen. Es braucht etwas „dazwischen". Vom blühenden Leben direkt ins Abschiednehmen fallen und sich um Bestattungsangelegenheiten kümmern: Das ist kaum vorstellbar.

Und so bereite ich das vor, was sonst eigentlich nur bei Totgeburten geschieht. Ich suche eine Kerze, klebe die Buchstaben des Namens des Kindes darauf. Rufe den technischen Dienst an und bitte die Brandmelder in dem betreffenden Zimmer für einen Moment abzuschalten – so kann auch im Krankenhaus eine Kerze entzündet werden. Die einzige Ausnahme, die möglich ist – Feuer ist ansonsten strengstens verboten im Krankenhaus. Aber für die Minuten, die den Eltern und dem Kind zum Abschiednehmen gegeben sind, gibt es diese Möglichkeit. Jedem in diesem sonst so klar strukturierten Betrieb ist bewusst, wie wichtig und kostbar ein solcher Moment ist und wie wertvoll das Entzünden eines Lichts in der sterilen Umgebung ist.

Das verstorbene Kind wird gesegnet. Von mir, von seinen Eltern. Wir beten gemeinsam und bitten um Kraft für diese so unfassbar traurige Zeit. Und auch wenn es unendlich schwer ist, den Tod des eigenen Kindes zu benennen und zu begreifen, so ist doch spürbar, wie in diesem Moment im Schein der Kerze alles etwas ruhiger wird. Eine kostbare … heilige … Atmosphäre. Mitten im Krankenzimmer.

Es ist nicht einfach, sich aus diesem so persönlichen Geschehen zu lösen. Leise verlasse ich das Zimmer. Ich komme wieder, wir sprechen über die nächsten Schritte … und doch: Dieses Segnen, das Entzünden der Kerze für das Kind – es ist wichtig. Macht auch spürbar, wie wertvoll dieses oft so kurze Menschenleben ist und wie sehr dies auch im Krankenhaus wahrgenommen wird.

Im Stationsstützpunkt fehlen eigentlich auch die Worte. Wir schweigen gemeinsam und spüren wohl alle, wie schwer das alles wiegt. Auf jedem Einzelnen von uns. Ganz besonders auf den Eltern, die ihr Kind nun in den Armen halten … es noch einige Stunden spüren können, streicheln, küssen. Und dann zurücklassen müssen.

Es fühlt sich wie eine andere Welt an, als ich die Station wieder verlasse und zu meinen Kindern ins Büro komme. Sie freuen sich sichtlich, dass ich endlich wieder da bin. Wir packen zusammen, fahren nach Hause. Dazwischen machen wir noch einen Stopp beim Supermarkt: Die Kinder sind hungrig und mein Mann, wenn er dann von der Arbeit nach Hause kommt, vermutlich auch.

Es dauert eine Weile, bis ich mich auf die Supermarktwelt einlassen kann. Eigentlich spielt es keine Rolle, ob wir nun Spaghetti oder Penne kaufen. Aber für meine Kinder ist das gerade offenbar das wichtigste Thema überhaupt. Und eigentlich bin ich zutiefst dankbar, dass es so ist. Auch wenn ich nach solchen Erfahrungen manchmal ein wenig mehr Zeit brauche als sonst, um wieder ein Stück weit in meinen Alltag zurückzufinden.

Beim Abendessen erzählen die Kinder dem Papa, was heute alles geschehen ist. Erzählen davon, dass ich sogar Klebebuchstaben für Kerzen im Büro habe, und irgendwann erfährt er auch von den nassen Schuhen des Jüngsten. Alltag ringsum.

Ab und an wandern meine Gedanken zu den Eltern mit ihrem verstorbenen Kind im Krankenhaus. Am nächsten Tag werde ich sie wieder sehen. Und doch bin ich jetzt hier, zu Hause. Ein Geschenk und ganz und gar nicht selbstverständlich.

Ohne Gott

In Mehrbettzimmern ist es immer schwierig mit Privatsphäre. Wenn mein Gegenüber „mobil“ ist, verlassen wir für unser Gespräch das Krankenzimmer und suchen uns einen geschützten Bereich. Manchmal ist das aber nicht möglich. Der Paravent ist natürlich ein Sichtschutz – zuzuhören gelingt aber immer noch.

Menschen sind sehr unterschiedlich. Die einen wissen um die Kostbarkeit der Vertrautheit und verlassen dann selbst das Zimmer für einen kleinen Spaziergang in den Krankenhaus-Gängen, andere setzen Kopfhörer auf. Manche aber richten sich förmlich auf, um zu hören, was der Bettnachbar zu erzählen hat. Schwierig, in einer solchen Situation eine vertrauensvolle Atmosphäre zu ermöglichen.

In den ersten Jahren als Seelsorgerin begleitete ich einmal jemanden, der sich bei jedem seiner tagesklinischen Aufenthalte ein Gespräch mit mir wünschte. Einmal im Monat hatte ich den Tag schon im Kalender markiert und es dauerte meist nicht lange, bis ich einen Anruf von der Station erhielt, dass jener Patient sich über einen Besuch von mir freuen würde.

Im Bett nebenan war fast jedes Mal dieselbe Person. Die beiden teilten Freud und Leid miteinander, aber wenn ich zu Besuch kam, wendete sich der Bettnachbar ab und vertiefte sich mit Kopfhörern in sein Tablet. So konnten wir ruhig und offen miteinander sprechen – und beten. Mein Gegenüber wünschte sich jedes Mal die Kommunion: „Eine Stärkung der ‚anderen Art', bitte!" Ich musste lächeln, während ich alles für eine kleine Kommunionfeier am Krankenbett vorbereitete.

Irgendwann kam er nicht mehr ins Krankenhaus. Er war zu Hause verstorben, umgeben von seiner Familie, die ihm so viel bedeutete.

Ein, zwei Monate vergingen – dann erhielt ich wieder einen Anruf von der Station, mit der Bitte zum Bettnachbarn meines damaligen Patienten zu kommen. Ich wurde schon erwartet. Ziemlich lange dauerte unser erstes Gespräch – wobei: Gespräch war das keines. Ich war zwar anwesend, aber mein Gegenüber hatte eine Art Rede vorbereitet. Da kam ich nicht zu Wort. Es fühlte sich an, als würde er nie Atem holen. Die Worte ergossen sich über das ganze Zimmer, jeder – ob gewollt oder nicht – hörte, was er zu sagen hatte. Und es war viel: eine wissenschaftlich fundierte Auseinandersetzung mit der Frage, ob Gott existiere oder nicht. Seine persönliche Antwort war definitiv in der Richtung „Ohne Gott lebt es sich leichter" einzuordnen. Ich fühlte mich beinahe ein wenig zurückversetzt in die Studienzeit, als diese Frage im Philosophieseminar ausführlichst behandelt wurde. Als er alles gesagt hatte, kam der krönende Abschluss: „So, jetzt können Sie gehen. Es war mir ein Bedürfnis, das alles einmal jemandem von der Kirche zu sagen."

Aber da waren noch die anderen Zimmerkollegen, die nun begannen zu diskutieren und die Ansichten ihres Nachbarn infrage zu stellen. Es entwickelte sich ein intensives Gespräch. Lange hörte ich danach nichts mehr von ihm.

Irgendwann aber bat mich eine andere Station um einen Besuch – und da traf ich ihn wieder. Sichtlich gezeichnet von Schwäche und Krankheit, schenkte er mir ein Lächeln: „Ich hätte nicht gedacht, dass Sie noch mal zu mir kommen, nachdem ich Ihnen das letzte Mal ja meine Sicht der Dinge erklärt habe." Ich war erstaunt: „Warum sollte ich denn nicht kommen?"

Mehrere Wochen dauerte der stationäre Aufenthalt. Der junge Mann erlebte Höhen und Tiefen, beschäftigte sich intensiv mit der Frage nach Gott oder einem Leben nach dem Tod. Und wollte dafür jemanden bei sich wissen, der „von der Materie wenigstens ein bisschen Ahnung" hatte. Es waren keine leichtfertigen Floskeln, die er verwendete – er hatte sich wirklich bis in die Tiefe mit Gott befasst. Zu Hause suchte ich oft Bücher aus dem Bücherregal, um mich wieder ein wenig einzulesen. Ich bestellte sogar ein Buch in der Buchhandlung, um das Denken eines Atheisten ein wenig nachvollziehen zu können. Denn davon war mein Gegenüber überzeugt: Atheismus, das war das einzig Angebrachte in aufgeklärter Zeit. „Erstaunlich eigentlich, dass Sie sich mit etwas befassen, von dem Sie überzeugt sind, dass es das nicht gibt", bemerkte ich einmal. Verwundert schaute er mich an: „Naja. Ich finde es erstaunlich, dass Sie für etwas stehen, von dem man gar nicht sagen kann, dass es das gibt."

Irgendwann kam ich mehr zu Wort. Mein Gegenüber hatte nämlich Fragen. Zur Bibel, zur Übersetzung, zur Kirchengeschichte, zum Kirchenrecht. Ich war gefordert. Denn er wusste fast alle Antworten eigentlich selbst – es war wie eine Prüfung für mich. Vielleicht mehr eine Prüfung seines Vertrauens in meine Kompetenz. Aber es war auch interessant: Wir kamen nämlich ins Gespräch, tauschten Sichtweisen aus. Es war nicht mehr die harte Front zu spüren, die Fassade musste nicht mehr aufrechterhalten werden. Der eigentlich so lebensfrohe Mann öffnete sich nach und nach, erzählte vom eigenen Leben und davon, welche Erfahrungen zur Überzeugung geführt hatten, dass es Gott nicht gab.

Ein einziges Mal verlor er die Fassung, begann zu weinen. Ich reichte ein Taschentuch. Hielt für ein paar Sekunden seine Hand. „Bitte lassen Sie mich jetzt allein", sagte er.

Fast eine Woche hörte ich nichts mehr. Dann aber wurde ich wieder um einen Besuch gebeten. Fröhlich wurde ich empfangen. „Schauen Sie mal!" Er hielt mir das Tablet entgegen. Irgendein Buch, ich konnte nicht genau erkennen, welches. „Lassen Sie mich bitte noch mal schauen, ich konnte so schnell ja gar nicht sehen, was Sie da lesen", bat ich. Das Tablet wurde mir in die Hand gedrückt. „Schauen Sie nur", lächelte er. Ich überflog die Zeilen. Das kam mir bekannt vor. „Das ist ja die Bibel", staunte ich. „Wieso denn das?"

Trocken und ernst kam die Antwort: „Man muss den Feind schließlich kennen."

Fast eine Stunde sprachen wir an diesem Tag miteinander – unsere letzte Begegnung. In der folgenden Nacht verstarb er. Der freundliche Blick, als ich mich beim Verlassen des Zimmers noch mal umdrehte, ist mir immer noch in Erinnerung.

Pandemie

„So etwas habe ich ja noch nie gesehen“, der Polizist runzelte die Stirn und zeigte seinem Kollegen das Blatt, das ich ihm aus dem Autofenster gereicht hatte. „Systemrelevant“ – das war das neue Schlagwort, das mir erlaubte, von zu Hause ins nächste Bundesland zur Arbeit zu fahren. Ein Drittel weniger Zeit brauchte es, weil die Straßen leer waren. Kein Stau. Keine verstopften Zufahrtsstraßen. Nichts. Der Wind fegte ein paar Blätter über die Fahrbahn und am Straßenrand stand eine Polizeistreife, die jeden herauswinkte, der hier entlangfuhr.

Es war ein spezielles Blatt, das ich da bekommen hatte. Mit Stempel des Bischofs und dem Vermerk, dass ich als Seelsorgerin im Krankenhaus tätig war.

Sie war eine seltsame Zeit, jene der Pandemie. Es gab keinen Grund für mich, nicht zur Arbeit zu fahren. Ich durchlief das Testverfahren, wie jeder andere Mitarbeiter im Krankenhaus, und jeden Morgen blickte ich auf das Mobiltelefon, um zu sehen, ob ich vielleicht ein positives Testergebnis bekommen hatte. Das hätte dann auch Auswirkungen auf meine Familie gehabt – für die Kinder weniger, da die Schulen ohnehin geschlossen waren. Aber für meinen Mann, der zum damaligen Zeitpunkt auch als „systemrelevant" galt.

Im Krankenhaus war eine sehr merkwürdige Stimmung in jenen Wochen und Monaten. Man sah einander nicht wirklich. Es gab keine entspannte Mittagspause mehr mit Gesprächen und Leichtigkeit. Jetzt war jeder eingehüllt in spezielle Kleidung und ein Mund-Nase-Schutz war steter Begleiter.

Besuche waren zeitweise auch nicht erlaubt im Krankenhaus und so war ich manches Mal das einzige Verbindungsglied zur Außenwelt. Angehörige riefen mich an mit der Bitte, jemanden zu besuchen. Patienten, die sonst vermutlich kein Interesse an seelsorglicher Begleitung gehabt hätten, wollten ins Gespräch kommen. Egal worüber eigentlich – Hauptsache, dass da ein Gegenüber war. Vor allem auf den Stationen, die jene Menschen betreuten, die an dieser neuen Erkrankung litten, war ich eine sehr merkwürdige Erscheinung: Maske, Mantel, Schürze, Handschuhe, Haube, Schutzbrille – es dauerte, bis ich alle Schichten korrekt angelegt hatte. Erst dann konnte ich das Patientenzimmer betreten. Viele der Patienten konnten kaum sprechen, so sehr litten sie unter Atemnot. Belastend für all jene, die hier arbeiteten – belastend auch für die Familien, die keinen Zutritt zu ihren Liebsten bekamen. Und wenn doch – in Ausnahmesituationen – dann nur mit der vorgeschriebenen Verhüllung. Gerade für ältere Menschen oder Menschen mit Gehörbeeinträchtigung eine Katastrophe, weil sie keine Lippenbewegungen mehr als Unterstützung für das Verstehen des Gesagten sehen konnten. Alles war hinter Schichten aus verschiedenen Materialien verborgen.

Manche Patienten konnten diese Zeit allerdings auch genießen. Die Ruhe in den Krankenzimmern war für manche ein Segen: keine Besuche bei Zimmerkollegen, wenn man selbst eigentlich schlafen wollte.

Für andere wiederum war das sehr bedrückend. Vor allem bei längeren Krankenhaus-Aufenthalten. Das Telefonieren, das Schicken von Bild- und Textnachrichten: Es konnte die Berührung, den persönlichen Kontakt nicht ersetzen. Das wurde vielen schmerzlich bewusst. So wertvoll die technischen Hilfsmittel waren – so deutlich wurde auch, dass sie kein Ersatz für tatsächliche Begegnung sein konnten.

Obwohl der Virus, der die Pandemie ausgelöst hatte, allgegenwärtig war: Es gab auch noch andere Krankheiten. Patienten, die eine Krebsdiagnose erhalten hatten, waren nun beim Gespräch mit den Ärzten allein. Da war niemand, der auch zuhörte und Fragen stellen konnte. Da war niemand, der die Hand hielt. Niemand, der in den Arm nehmen konnte. „Ich fühle mich richtig verlassen", sagte einmal eine Patientin.

Ein Gefühl, das auch jene Menschen überkam, die beatmet werden mussten. „Was, wenn ich nicht mehr aufwache?" – die Frage war ein steter Begleiter. Ab und an war ich dabei, wenn der Weg hin in dieses „Dazwischen" führte. Mit viel Ruhe begleiteten die Ärzte und Pflegenden. Und ich hielt die Füße meines Gegenübers mit den Händen und den Blickkontakt mit den Augen. Manchmal wünschte sich jemand vorher noch einen Krankensegen zur Stärkung. „Ich bin jetzt da und ich werde weiter begleiten", versprach ich. Manchmal dauerte es viele Tage, bevor mein Gegenüber wieder erwachte. Aber immer wieder kam ich, legte meine Hand auf die Schulter und erzählte kurz vom Leben „da draußen", zeichnete ein Kreuzzeichen auf die Stirn.

Manchmal segnete ich jemanden zum letzten Mal. Nicht immer konnte die Medizin mit all ihren Möglichkeiten helfen.

Wenn ich dann nach Hause kam, war das eine andere Welt. Sicher: Die Schulen waren zeitweise geschlossen, aber für unsere Kinder war das Lernpensum überschaubar und so fühlte sich die Zeit fast ein wenig nach Ferien an. Kein Vergleich mit all jenen, die in der Stadt wohnten und das Haus nicht verlassen durften. Unsere Kinder waren draußen, liefen durch die Felder und spielten miteinander. Ich saugte die Fröhlichkeit förmlich auf, wenn ich nach Hause kam. Keinen Mund-Nase-Schutz, keine Schutzkleidung … Freiheit ringsum.

In unseren Familien gab es auch keine tiefen Gräben. Man diskutierte, rätselte und verglich – das Telefon verband uns mit unseren Familienmitgliedern, verteilt in ganz Europa. Überall wurde ein wenig anders mit der Pandemie umgegangen. Aber sie war nicht das Thema, das uns verband oder entzweite, sondern eine Realität, mit der wir versuchten, so gut als möglich umzugehen.

Etwas, das in vielen Familien offenbar nur schwer möglich war. Andere Sichtweisen, Zweifel, Ängste … es gab keinen Raum dafür: Scheinbar gab es nur die eine oder die andere Position. Für manche Patienten war diese Erfahrung kaum auszuhalten. „Die Streitereien zu Hause. Ich kann es nicht mehr hören. Ich sage nichts mehr, damit einfach Ruhe ist. Aber dann denken die einen, ich würde ihnen recht geben, und die anderen denken, ich wäre gegen sie." So beschrieb einmal jemand das Dilemma. Mittlerweile erscheint diese Zeit wieder weit entfernt zu sein. Doch die Polarisierung hat in vielen Familien tiefe Gräben hinterlassen, die offenbar nicht so einfach zu überwinden sind.

Menschen erinnern sich an das, was sie erlebt haben in jenen Monaten: allein. Manche von ihnen haben in dieser Zeit ohne Begleitung Schweres getragen. Für manche waren die schönsten Momente ihres Lebens in dieser Zeit – und sie konnten sie nicht mit anderen teilen. Eine tiefe Erkenntnis für viele: Das Leben in seiner Fülle, mit all seinen Licht- und Schattenseiten, es braucht das Miteinander.

Gnade

„Der Zeitpunkt ist das Problem." Mein Gegenüber ist ratlos. Was zuerst als willkommene und gute Alternative erschien, entpuppt sich nun als schwieriger als gedacht. „Ich fühle mich wie in einer Falle."

Der ältere Herr leidet an einer Erkrankung, die schubweise verläuft. Der Tod, das zeichnet sich ab, wird kein „schöner" sein. Die Sterbeverfügung erschien als gute Möglichkeit. Als alle Untersuchungen und Wartefristen abgeschlossen waren, fühlte sich das gut an. „Ich hatte einen Plan B, wenn es dann unerträglich wird", erzählt er.

Wir sitzen in der Krankenhaus-Kapelle. Zufällig hatten wir einander getroffen, kurz ein paar Worte gewechselt. „Haben Sie Zeit?" Ich hatte mich gesetzt. „Natürlich."

Während des Zuhörens begreife ich allmählich das Problem: Wann ist ein guter Zeitpunkt, das Leben selbst zu beenden? „Ich denke ständig dran, ob es irgendwelche Zeichen gibt, dass der nächste Schub kommt. Wenn der nämlich stark ausfällt, könnte es sein, dass ich gar nicht mehr selbst das Medikament nehmen kann. Und das muss ich ja selbst machen, so sagt es das Gesetz." Er ist verzweifelt. Das Leben in diesem Zwiespalt ist belastend. Es fällt schwer, schöne Dinge zu genießen – und jeder schlechte Tag wird nur mehr im Blick auf das „Es-könnte-zu-spät-Sein" beurteilt.

Lange sitzen wir in der Kapelle. Schweigen. Jeder hängt seinen Gedanken nach. „Haben Sie schon mal jemanden sterben gesehen?", fragt mein Gegenüber. Ich nicke. „Können Sie mir da nicht was erzählen, wie das so ist?"

„Es ist schwer, Worte dafür zu finden", sage ich. Manche Sterbende erzählen von Dingen, die offenbar nur sie wahrnehmen und sehen können. Ich erzähle von einer Patientin, die Musik hörte. „Sie war glücklich, fragte jeden nach dem Ursprung der Melodien … doch niemand hörte etwas. Das machte sie zuerst zwar traurig, dann aber fand sie für sich die Antwort auf die Frage, warum das so war. ‚Das ist Musik aus dem Himmel', sagte sie damals." Ich muss lächeln, während ich erzähle. Der Patient nickt ernst. Wir sprechen über das Kämpfen, über das Nichtwahrhabenwollen, über Angst und Angehörige, die beschwichtigen und nicht über das Sterben und den Tod sprechen wollen. „Gut gemeint und schlecht getroffen", seufzt er.

„Möchten Sie etwas Ungewöhnliches hören?", frage ich. Verwundert werde ich angesehen: „Gibt es das?"

„Ein bisschen jedenfalls", sage ich und erzähle von jenem Nachmittag, der mir in tiefer Erinnerung geblieben ist. Eine Großfamilie hatte sich um das Bett versammelt, in dem ein sichtlich von Krankheit gezeichneter Mensch schwer atmete. Ich begrüßte zuerst ihn, legte kurz die Hand auf die seine und erklärte, warum ich gekommen war. Schweißperlen waren auf der Stirn zu sehen.

Beim Krankensegen gibt es ein kleines Ritual, das mit dem Segnen der Stirn beginnt. Dann werden der Mund, die Hände, die Füße und das Herz gesegnet. Ich erklärte den Angehörigen die nächsten Schritte und lud sie dazu ein, dann nach mir auch ihrem Familienmitglied mit dem mitgebrachten Öl ein Kreuzzeichen auf die Stirn zu zeichnen.

Während der Gebete des Krankensegens stöhnte der Patient im Bett leise. Ich segnete die Stirn. Bevor ich jedoch den Mund berühren konnte, rief ein Familienmitglied laut: „Ach, der Arme, wie sehr er schwitzt!"

In diesem Moment öffnete der Patient die Augen und sagte mit klarer Stimme: „Ich sterbe ja auch schon den ganzen Tag" – und schloss die Augen wieder.

Wir waren alle mächtig erschrocken. Die Angehörigen sahen einander an, mir war das Fläschchen mit dem Öl vor Schreck beinahe aus der Hand gefallen und ich spürte mein Zittern. Jemand von den Angehörigen musste lachen. Irgendwann lachten wir alle. „Das ist ganz typisch er", sagte jemand, „Erschreckt uns alle zu Tode." – Ich glaube, nicht nur ich konnte in diesem Moment ein kleines Grinsen im Gesicht des Patienten sehen.

Die Stimmung war nun gelöster. Die Angehörigen segneten ihn und bedankten sich auch für Schönes, das sie gemeinsam erlebt hatten. Als wir zum Abschluss gemeinsam das Vaterunser beteten, fühlte sich das sehr verbunden an.

Mein Gegenüber sieht mich ernst an. „Können Sie das bei mir auch machen mit dem Segen? Ich werde Sie auch nicht erschrecken, versprochen!" Ich muss lächeln.

Tage später besuche ich ihn auf der Station. „Ich muss immer noch darüber nachdenken, welcher Zeitpunkt der richtige sein wird." Wir sprechen über die drei Zeitmaße der alten Griechen: Chronos, Kairos und Äon. Er ist sehr an der Mythologie interessiert und wundert sich, dass ich mich da als Seelsorgerin auch ein wenig zurechtfinde. „Mein

Sohn ist begeistert von der griechischen Götterwelt", erkläre ich. „Vor Kurzem erst hat er mir von den Zeitmaßen erzählt und wir haben nach deutschen Wörtern dafür gesucht." Der Patient ist begeistert: „Als Kind war ich auch schon fasziniert von den griechischen Göttern." Wir schweifen ein wenig vom Thema ab und diskutieren über die Götter der Ägypter, Römer und Griechen. Irgendwann landen wir bei den Kelten und dann auch beim Christentum. „Es war echt ein guter Kairos, dass ich Sie damals in der Kapelle getroffen habe", meint er. „Ich hoffe einfach, dass es gut kommt, auch wenn ich das nicht planen kann." Lange sieht der Mann aus dem Fenster. Nickt. Schüttelt den Kopf. Nickt wieder. Sieht mich an: „Wenn ich wüsste, dass ich am Ende auch irgendwie spüren kann, dass alles gut ist, würde ich mir nicht so einen Stress machen wegen dem Sterben."

Viele Wochen später darf ich hören, dass der Patient verstorben ist. Ganz ruhig, im Schlaf war der Tod gekommen. Ohne Medikament. Ohne neuerlichen Schub. Einfach so.

Ich muss lächeln. Mir fällt das Wort „Gnade" ein. Er hätte vermutlich „Kairos" gesagt: ein Zeitpunkt, der sich nicht planen oder vorhersehen lässt, der aber einzigartig ist.

Überleben

„Da war nichts … nichts … gar nichts …“, meine Gesprächspartnerin sagt diesen Satz immer wieder. „Überhaupt nichts? War es denn dann dunkel oder …?“, frage ich. Die Dame mit lockigem grauem Haar blickt mir direkt in die Augen: „Das kann man nicht mit Worten beschreiben.“ Und dann darf ich hören von der Leere, die gleichzeitig auch Fülle war. Von der Stille, die gleichzeitig auch Musik war. Von dem unglaublichen Gefühl, getragen zu sein und gleichzeitig zu schweben. „Es war wunderbar dort“, schwärmt sie. Doch gleichzeitig ist da auch Enttäuschung: „Nichts war dort so, wie ich es mir immer vorgestellt habe.“ Traurigkeit und Erleichterung sind gleichermaßen spürbar: „So viel habe ich auf äußere Dinge gegeben. So wichtig war mir, was die Leute sagen. Und dann war ich dort und habe gesehen, dass es darauf gar nicht ankommt.“ Ich bin neugierig: „Wissen Sie denn jetzt, worauf es ankommt?“ Sie nickt und sieht mich ernst an: „Ich habe dort Sachen aus meinem Leben gesehen, an die ich mich eigentlich gar nicht mehr erinnern konnte. Kleine Momente. Kurze Augenblicke. Und ich habe es am ganzen Körper gespürt, dass es genau diese Dinge waren, die wirklich zählen. Da waren Erlebnisse dabei, von denen eigentlich nur ich weiß."

Es kommt nicht oft vor, dass mir jemand so klar erzählt, wie sich die Zeit vor dem Überleben anfühlte. Jene zwischen Leben und Tod. Das Leben ist danach ein anderes für diese Menschen. „Es ist wie eine neue Chance", sagte einmal jemand.

Manchmal ist da aber auch Wut und Trauer darüber, dass man *wieder aufgewacht* ist. Besonders in Erinnerung ist mir jemand, der diesen Ärger jeden spüren ließ, der das Zimmer betrat. Ärzte, Pflegende, Angehörige … – alle freuten sich eigentlich, dass die Reanimation so gut geklappt und die Rettungskette wunderbar funktioniert hatte. Nur die betroffene Person nicht. Sie wollte nicht essen, verweigerte Gesprächsangebote, warf vernichtende Blicke zu. In der Ratlosigkeit hatte offenbar irgendwann jemand die Idee, die Seelsorgerin zu rufen.

„Wer sind denn Sie jetzt schon wieder?" So hatte der Überlebende mich begrüßt, von oben bis unten gemustert und dann den Blick demonstrativ abgewandt. Eigentlich braucht es nicht viel mehr, um zu verstehen, dass man nicht willkommen ist. Nun war ich aber schon einmal da und sagte: „Ich bin die Seelsorgerin." Neugierig wandte sich der

Blick mir wieder zu: „Aha. Jemand von der Kirche“, wurde festgestellt. Und dann mit einer Handbewegung Richtung Decke (oder Himmel): „Haben Sie denn eine Ahnung, wie es da oben ist?“

Ich schüttelte den Kopf. „Nein, ich war ja noch nie tot.“ Ich weiß noch, dass ich mir in dem Moment, als ich den Satz sagte, auf die Zunge biss. Aber es war schon zu spät. Ich hatte es schon ausgesprochen. Mein Gegenüber fing an zu lachen, kein spöttisches oder gekränktes Lachen. Es kam offenbar von Herzen: „Sie sind ja lustig. Das hat sich auch noch keiner getraut, zu mir zu sagen!“

Der Patient damals wäre gerne *oben* geblieben. Weil es sich als Erfüllung von allem anfühlte. Man verstand dort nämlich offenbar Dinge mit einem Wimpernschlag, die man zu Lebzeiten einfach nicht einordnen konnte. Und war getragen. „Ich habe Gott gesehen“, flüsterte er. „Und wenn man das einmal durfte, dann möchte man eigentlich dortbleiben.“ Tiefe Dankbarkeit war spürbar und mit einem Mal schien sich der Druck zu lösen: „Die halten mich hier für verrückt, wenn ich sage, dass ich eigentlich lieber gestorben wäre. Die haben sich ja wirklich ins Zeug gelegt, damit ich überlebe.“

Es ist eines der Gespräche als Krankenhaus-Seelsorgerin, die ich tief im Herzen bewahre. Es sind kostbare Worte, die auch mir guttun. Gerade dann, wenn Zweifel in mir aufkommen, ob es da tatsächlich etwas gibt nach dem Tod. Denn es gibt sie auch, diese Stunden, in denen ich mir da nicht (mehr) so ganz sicher bin und hadere. Es tut gut zu spüren, dass es so viel mehr gibt, als wir Menschen mit unserem Verstand erfassen oder beweisen können. Manches ist wundersam, manches fällt schwer nachzuvollziehen und manches begreift man vielleicht wirklich erst, wenn man selbst an der Reihe ist.

Weihnachten

„Ich möchte so gerne Weihnachtsgeschenke für meine Familie kaufen.“ Die schwerkranke Patientin liegt im Bett. Schwach und kaum kräftig genug, um zu sprechen. „Ich mag die Weihnachtsmusik in den Geschäften so … und die ganze Stimmung.“ Traurigkeit liegt im Blick. „Das werde ich wohl nie wieder erleben …“

Wir kommen ins Gespräch. Sie hat ganz klare Vorstellungen, wer welches Geschenk bekommen soll. Und so überlegen wir, ob Onlineshopping nicht vielleicht eine Alternative sein könnte. „Aber die Weihnachtsmusik … und das ganze Glitzern und Funkeln …“ – mein Gegenüber ist nicht ganz glücklich. „Ich überlege mir etwas“, verspreche ich. Es ist ja noch mehr als ein Monat bis Weihnachten.

Gemeinsam mit dem Pflegepersonal schmücken wir das Zimmer noch vor dem Advent weihnachtlich, schalten Weihnachtsmusik an und auch einen Laptop mit Internetzugang organisieren wir. Im Zimmer riecht es beinahe nach Lebkuchen, so stimmungsvoll sieht alles aus. Das Auswählen der Geschenke macht ihr sichtlich Spaß, auch Geschenkpapier wird bestellt und ein Goldstift. Geliefert wird dann ins Krankenhaus, an die Adresse der Seelsorge. Wenige Tage dauert es, dann sind alle Päckchen da. Gemeinsam packen wir zuerst alles aus und hüllen es dann in weihnachtsfeines Papier und beschriften es mit Namen. In eine große Tasche legen wir alle Päckchen und verstauen sie dann im Kleiderkasten.

Mein Gegenüber ist zufrieden: „Dass ich das noch geschafft habe." Die Phasen, in denen ein Gespräch möglich ist, werden weniger. Das Schlafbedürfnis ist groß, aber die Schmerzen lassen sich gut behandeln. „Ob ich Weihnachten überhaupt noch erleben kann?" Es klingt weniger nach Frage als nach Feststellung. Der Blick wandert zum Kleiderkasten. „Alles ist vorbereitet, ja?" Ich nicke.

Es gibt Situationen und Erinnerungen, die zu bestimmten Zeiten präsenter sind als sonst. Ich gehe öfter während des Jahres an diesem Zimmer vorbei und besuche dort auch Patienten. Zu Weihnachten ist das aber ein bisschen anders. Wenn ich nämlich bei meiner „Weihnachtsrunde", die ich jedes Jahr im Krankenhaus mache, am damaligen Zimmer der Patientin vorbeikomme, erinnere ich mich an die Weihnachtsmusik, die man schon draußen im Gang hören konnte. Das Blinken und Funkeln rund um das Patientenbett, Wochen vor Weihnachten. Als die Weihnachtsliebhaberin verstarb, schien draußen die Sonne. Warm war es, ganz und gar nicht winterlich. Aber alles war vorbereitet. Die Tasche mit den Weihnachtspäckchen wartete auf die Familie.

Im ersten Jahr meiner Tätigkeit im Krankenhaus beschloss ich, zu Weihnachten jeden Patienten zu besuchen. Ein kleines Geschenk hatte ich mit dabei. In der Portierloge lieh ich mir einen Transportwagen, legte die Schachteln mit den kleinen Päckchen darauf und begann im obersten Stockwerk des einen Traktes, „arbeitete" mich hinunter und ging dann auf der anderen Seite im nächsten Trakt von unten nach oben. Jede Station, jedes Patientenzimmer suchte ich auf. Wünschte frohe Weihnachten und überreichte das kleine Geschenk. Bis zum frühen Nachmittag war ich unterwegs. Mit manchen Patienten gab es noch ein kurzes Gespräch, manch einer bat um einen Segen oder die Kommunion. Im dritten Jahr bekam ich dann Unterstützung: ein oder zwei meiner ehrenamtlichen Mitarbeiter gingen mit mir. So waren wir etwas schneller – und konnten uns für das ein oder andere Gespräch auch etwas mehr Zeit nehmen.

Auf diesen einen Tag im Krankenhaus freue ich mich irgendwie das ganze Jahr. Er ist für mich ein Fixpunkt – was meine Familie natürlich weiß. Weihnachten ohne diese besondere „Runde" kann ich mir gar nicht mehr vorstellen. Denn niemand in den Patientenzimmern erwartet sich, dass da jemand einfach kommt mit einem kleinen Päckchen und einem guten Wunsch. Auch wenn Menschen einen anderen religiösen und kulturellen Hintergrund haben: Alle scheinen sich über die Überraschung zu freuen. Wenn ich mich beim Hinausgehen aus dem Zimmer nochmals umdrehe und frohe Weihnachten wünsche, fühlt es sich für mich wie ein kleines Weihnachtswunder an: Inmitten von Kummer, Schmerz und Traurigkeit ist ein neuer Ausdruck in den Gesichtern zu erkennen – Lächeln.

Erde und Himmel

Jedes Jahr darf ich in der Fachhochschule für Pflegeberufe einige Einheiten gestalten. Ganz am Beginn steht dabei immer ein Blick auf das eigene Leben. Auf einem Blatt Papier markieren die Studierenden einen Anfangspunkt und einen Endpunkt. Dazwischen befindet sich die bei jedem etwas anders geschwungene Lebenslinie. Mehr oder weniger begeistert wird mitgearbeitet. Wenn ich dann die Aufgabe stelle, den Endpunkt mit einer Jahreszahl zu versehen, wird es meistens ziemlich still. Denn es bringt ein Thema in den Hörsaal: Auch ich bin sterblich. Und irgendwann ist dieser Zeitpunkt da. Sich zu überlegen – wenn man es sich aussuchen könnte –, wie lange man (bei bester Gesundheit natürlich) voraussichtlich leben möchte, ist gar nicht so einfach. Allen wird bewusst: Niemand lebt für immer. Sterben betrifft uns alle.

Wenn diese erste Aufgabe bewältigt ist, wenden wir uns der Zeit davor zu und markieren eine Stelle, die das „Jetzt“ kennzeichnet. Dann werden besondere Ereignisse bis dorthin eingezeichnet: Schönes, das man erlebt hat. Prägende Momente.

Die Fülle des Lebens. Je nach Alter der Studierenden liegt dann noch sehr viel Lebenszeit vor ihnen: Auch hier schreiben sie auf, was sie sich für ihre Zukunft wünschen, was sie noch tun möchten, was ihnen wichtig ist.

Patienten geht es ganz ähnlich: Auch sie haben Pläne und Vorstellungen für das, was vor ihnen liegt. Ein Unfall oder eine Erkrankung, auch eines Familienmitglieds, kann das völlig verändern. Den Studierenden gebe ich im Laufe des Unterrichts die Aufgabe, sich für einen Wunsch zu entscheiden. „Wenn ihr nur eine einzige Sache erleben könntet von dem, was ihr aufgeschrieben habt – welche würdet ihr wählen?“

Denn das ist die Situation vieler Menschen, die sie dann im Berufsleben betreuen werden. Vieles wird in einer Krisensituation aus einem neuen Blickwinkel betrachtet und anders bewertet als zuvor. Was mich immer wieder erstaunt: die Dinge, die Patienten in solchen Situationen tatsächlich wichtig sind, scheinen Studierende gut einordnen zu können. Selten werden Weltreisen oder finanzielle Errungenschaften genannt. Viel mehr stehen am Ende des Tages Familie, Freunde und kleine Besonderheiten im Mittelpunkt.

Was mich die Menschen gelehrt haben, die ich als Seelsorgerin begleiten durfte, ist der Blick für kleine, kostbare Augenblicke. Das, was letztlich zählt, sind Beziehungen. Zu sich selbst, zu nahestehenden Menschen. In Krisensituationen spürt man oft erst, wie tragfähig das Miteinander ist. Da zählen Äußerlichkeiten nicht mehr. Ob der Kleiderkasten zu Hause ausschließlich Markenkleidung und teure Schuhe enthält, ist in Anbetracht von Übelkeit eher unbedeutend. Ob man sonst immer im Mittelpunkt steht, wird sehr unwichtig, wenn man sich vor Schmerzen kaum bewegen kann. Auch alles im Beruf Erreichte, das Definieren über Titel, Status und Ansehen: Es bedrückt, letztlich zu sehen, wie leicht man ersetzbar ist in Anbetracht von dauerhafter Beeinträchtigung und Krankheit. Macht und Einfluss, wenn man die eigenen Körperfunktionen kaum mehr kontrollieren kann, sind bedeutungslos.

Was aber zählt, sind Menschen, die da sind und dableiben. Nicht nur anfangs, aus Neugier vielleicht. Jemand, der weiß, ob man den Kaffee mit oder ohne Zucker trinkt. Jemand, der bemerkt, wie schön die Augen sind und nicht das Fehlen der Haare in den Mittelpunkt stellt. Jemand, der die Fußnägel lackiert, um ein bisschen Farbe ins Leben zu bringen, wenn die Hände eingegipst sind. Jemand, der den Rücken kratzt, wenn man keine

Kraft mehr dazu hat, oder das Bein massiert. Jemand, der warme Socken mitbringt, weil klar ist, dass man eigentlich immer kalte Füße hat. Jemand, der ein Licht entzündet und betet, wenn man selbst keine Worte mehr hat.

Das sind alles Dinge, die aus Verbundenheit geschehen. Denn in den tiefsten Tiefen des Lebens, in der Trauer, im Schmerz … – da bleibt nicht mehr viel, das guttut. Liebe in kleinen Gesten zu fühlen, kann tragen. Zu spüren, dass man nicht allein ist, dass man gemocht wird.

Vor einigen Wochen waren wir als Familie bei einer Bowlingbahn. Jeder von uns versuchte die neun Pins, also Kegel, umzuwerfen. Die Kinder waren unterschiedlich geschickt, mein Mann ein Naturtalent und ich? Ich scheine da einfach völlig talentfrei zu sein. Meine Kugel wandte sich nämlich immer irgendwann zur Seite und rollte an den Kegeln vorbei. Es war unglaublich: Nicht ein einziger Kegel wurde gestreift!

Irgendwann setzte ich mich an unseren Tisch, nippte an meinem Saft und beobachtete meine Familie: Was machten sie denn anders als ich? „Komm, Mama, jetzt bist du an der Reihe", wurde ich da schon wieder gerufen. Seufzend stand ich auf und nahm die schwere, dunkle Kugel in die Hand. Ich setzte an und gab ihr den notwendigen Schubs. Dann drehte ich mich um, zuckte mit den Schultern und sagte: „Das wird ja sowieso wieder nichts." In diesem Augenblick hüpften alle vor Freude und riefen: „5 Kegel!!!!!!!" Ich konnte es nicht fassen und schaute zurück zur Bahn und der Anzeigetafel: Tatsächlich, ich hatte getroffen. Nicht alle, aber doch ziemlich viele.

Erst als ich aufgegeben hatte, ein bestimmtes Ziel erreichen zu wollen, war es gelungen. Das ist etwas, das man im Leben auch immer wieder erkennt: etwas unbedingt haben zu wollen (für sich und andere), ist nicht immer unbedingt das Gute. Manchmal ergeben sich unerwartet ganz andere Möglichkeiten. Etwas nicht zu erreichen, ist also nicht unbedingt mit Scheitern gleichzusetzen. Vielleicht gelingt etwas aus irgendeinem Grund ja auch erst zu einem anderen Zeitpunkt. In einer leistungsorientierten Gesellschaft nicht so einfach, sich und anderen dies zuzugestehen. Aber – und das kann ich in den Lebensgeschichten der Menschen, die ich begleite, immer wieder erkennen: Manches, worüber man zuerst sehr bekümmert war, zeigt sich (oft Jahre) später als Segen. Manchmal für einen selbst gut wahrnehmbar – manchmal völlig überraschend für jemand anderen. Selbst eine schwere Erfahrung gemacht zu haben, macht manchmal auch unverhofft zu einem wertvollen Gegenüber für jemanden, der eine ähnliche Situation durchlebt. Vielleicht ist man dann in dem Augenblick die eine Person, die ein Lächeln schenkt oder schweigend umarmt, während andere mit Ratschlägen aufwarten.

In meinem Leben ist vieles anders gekommen, als ich mir das vorgestellt hatte. Kleine Dinge, die ich mir tief im Inneren gewünscht habe, sind aber in Erfüllung gegangen – beinahe ohne meinen Beitrag, denn sie waren nicht plan- oder beeinflussbar. Die Liebe meines Lebens habe ich bei einer Studienrichtung gefunden, die ich eigentlich für mich ausgeschlossen hatte. Unsere Kinder wurden geboren, obwohl dies mit einer Diagnose in jungen Jahren eigentlich unvereinbar war. Ich lebe dort, wo ich mich als Kind am wohlsten gefühlt hatte: auf dem Bauernhof meiner verstorbenen Großeltern. Mein Beruf ist einer, von dem ich zuvor gar nicht wusste, dass es ihn gab.

Was das Leben noch mit sich bringen wird, weiß ich nicht. Niemand von uns weiß das. Aber einstweilen tut Offenheit gut. So kann man Unerwartetes auch genießen: spontan ein Eis essen und mit den Kindern auf der Terrasse sitzen, einfach weil die Sonne scheint. Ein gutes Buch mitnehmen und darin abtauchen, auch wenn man nicht begeistert ist vom Sitzen im Wartezimmer der Zahnärztin. Ein Eichhörnchen beobachten, während man mit einem Patienten im Krankenhausgarten unterwegs ist, und dabei völlig vergessen, wie schwer der Rollstuhl zu schieben ist. Eine freie Parklücke finden, wenn man ohnehin schon knapp dran ist bei einem Termin. Einen Regenbogen am Himmel entdecken. Mit Freundinnen Pizza essen und von Herzen über den Wahnsinn des Alltags lachen. Ein Küken in Händen halten und über den weichen Flaum streicheln. Abends draußen vor der Haustür sitzen und den Grillen beim Zirpen zuhören. Es sind kleine Dinge, die der Seele guttun und das Leben so kostbar machen. Mitten im Alltag. Mitten in der Begrenztheit unserer Lebenszeit. Vielleicht sind sie eine kleine Ahnung von Himmel schon hier auf Erden.

50 Augenblicke

Als Kind gab es ein Buch, das ich unglaublich gerne mochte. Ich konnte es wieder und wieder lesen. Manchmal fing ich mittendrin an und verschlang Kapitel um Kapitel innerhalb weniger Tage. Ich lebte förmlich in diesem Buch und stellte mir bildlich alles vor, was da geschah. Wenn ich dann wieder in „meiner“ Welt auftauchte, fühlte ich mich seltsam – als würde etwas fehlen. Das Gelesene schien so viel spannender als mein Leben im Wohnblock einer Stadt. Denn in meinem Lieblingsbuch gab es eine ganze Truppe Kinder, die alles Mögliche erlebte – irgendwo draußen in der Natur. In meiner Realität gab es vor meinem Zimmerfenster eine große Kiefer. Am besten konnte ich allerdings die Hausmauer vom Wohnblock gegenüber sehen. Und Parkplätze. Um den Himmel zu sehen, musste ich das Haus verlassen. Draußen warteten zwar einige Kinder, mit denen man spielen konnte – aber es gab auch Nachbarn, die innerhalb kürzester Zeit Ruhe einforderten. Keine Möglichkeit also, ein so freies, entspanntes Leben wie in meinem Lieblingsbuch zu haben.

Irgendwann später in meiner Jugend verblasste das Interesse an dem Buch, aber ich hütete es trotzdem wie einen kleinen Schatz in meinem Bücherregal. In der Schulzeit war ich wenig zufrieden mit meinem Leben und mit mir selbst wohl ebenso wenig. Es sollte lange dauern, bis ein Stück weit das Gefühl spürbar wurde: Ich lebe *mein* Leben. Nicht das, aus dem ich nicht hinauskann. Nicht das, das ich nur träumen oder lesen kann. Und auch nicht das, das andere für das Beste halten. Einfach *meines*.

Ab und an muss ich daran denken, wenn ich Patienten zuhöre. Es sind zwar ganz andere Zusammenhänge, von denen sie sprechen – aber letztlich sprechen sie sehr oft vom Gefühl, etwas im Leben versäumt zu haben. Das eigene Leben nicht *selbst* gelebt zu haben. Das zu fühlen und tief im Inneren zu erkennen, schmerzt. Es lässt sich nicht beiseite wischen – und auch der Entschluss, jetzt endlich etwas daran zu ändern, kommt manchmal so spät, dass ein Umsetzen in Anbetracht von Krankheit und Sterben nicht auf die Weise möglich ist, wie es eigentlich der Wunsch tief im Inneren gewesen wäre.

Zudem ist die Aussicht aus dem Fenster nicht immer erhebend. Mit viel Glück kann man hinaus auf die Berge, in den Krankenhausgarten mit den alten Bäumen oder ein Stück Himmel sehen. Sehr oft aber ist da eine Mauer im Blickfeld oder die Zimmerwand.

Ein Krankenhaus ist ein spezieller Ort: Hier liegen Freude und Kummer so nahe beisammen, dass sie seltsamerweise gelegentlich gemeinsam vorkommen. Ich habe lange gebraucht, um mich in diesem System zurechtzufinden und die vielen, vielen Augenblicke für mich einordnen zu können. Denn hier fallen Fassaden. Das Patientenbett ist oft das einzige kleine Stück Privatheit, das geblieben ist. Man lebt im Rhythmus der Medizin und Pflege, plant mit Essenszeiten und Therapieeinheiten. Und – man kann in einem Patientenzimmer nicht mehr wirklich auf Äußerlichkeiten und Statussymbole schließen: Im Pyjama sehen sich ein reicher und ein obdachloser Mensch recht ähnlich.

Jeder Mensch im Krankenhaus bringt seine Lebensgeschichte mit. Manchmal offensichtlich wahrnehmbar, manchmal gut verborgen. Die ganz persönliche Geschichte stelle ich mir ein wenig wie einen Rucksack für eine lange Pilgerreise vor: Bei manchen Pilgern hängen ja sämtliche Utensilien und Reserven sogar außen dran, bei manchen ist alles fest hineingestopft und gut verschlossen, bei anderen wiederum fragt man sich, ob da wohl ausreichend Ausrüstung und Proviant für den langen Weg zu finden sind in dem scheinbar kleinen Säckchen. Jeder Mensch packt nach und nach sozusagen seinen eigenen Lebensrucksack. Und hat dazu einen Weg vor sich, von dem man vorher sehr wenig weiß – und der manchmal sehr überraschende Wendungen mit sich bringt. Wer schon ein Stück des Weges hinter sich hat, erzählt vielleicht gerne davon. Manch einem verschlägt es aber in Anbetracht der Herausforderung die Sprache und wieder ein anderer beginnt zu grübeln, denkt über Dinge nach, die ihn zuvor im Leben nie beschäftigt haben. Vielleicht haben ein langer beschwerlicher Pilgerweg und ein Krankenhaus-Aufenthalt wirklich so manche Gemeinsamkeit.

In einem Umfeld, das von Wissenschaft und Statistiken geprägt ist, und in einer Gesellschaft, in der der Glaube immer weniger Bedeutung zu haben scheint, gibt es scheinbar Zeiten im Leben, in denen es anders empfunden wird. Ich staune, wie viel und wie oft Menschen im Krankenhaus über den Glauben und über Gott sprechen möchten. Herausgenommen zu sein aus dem Alltag, konfrontiert zu sein mit der eigenen Endlichkeit (oder jener eines lieben Menschen), öffnet offenbar die Gedanken und Gefühle für Dinge, die sonst verdeckt werden.

Im Krankenhaus ist Zeit da, die man zuvor wohl nur selten in dieser Fülle wahrgenommen hat. Lange Tage. Lange Nächte. Auch gibt es vielleicht sonst nicht so oft ein Gegenüber, das hört, was zwischen den Zeilen zu finden ist, und dort hinblickt, wo im Moment große Not und tiefe Trauer sind. „Gibt es da jemanden, mit dem man über Gott sprechen kann?", fragt manchmal jemand. Selten geht es dabei um theologische Spitzfindigkeiten oder kirchliche Regelungen – viel mehr steht die Frage im Mittelpunkt, ob es etwas geben kann, das sich doch kaum in Worte fassen lässt und für dessen Existenz es wohl ebenso wenig Beweise wie Gegenbeweise gibt. Wie kann man *glauben*, wenn man umgeben ist von Fakten, Zahlen und Diagnosen? Und gibt es Gründe zu glauben, auch wenn man nur Zweifel in sich spürt?

In Anbetracht des eigenen Leids stellen sich manche Fragen völlig neu. Was zuvor überzeugend schien, hält mit einem Mal nicht mehr. Was vorher als lächerlich abgetan wurde, kann plötzlich völlig plausibel erscheinen. Hinter all dem steht vielleicht auch einfach die Frage: *Wer bin ich eigentlich?*

Ich, als der oder die, wie mich möglicherweise Gott sieht. Ich – ohne Fassade.

Es ist nicht so einfach, so ganz ohne Fassade. Verwundbar zu sein. Sich zu öffnen und dabei das Gegenüber eigentlich gar nicht zu kennen. Augenblick für Augenblick, Stunde um Stunde, Tag um

Tag, Schritt für Schritt den so unbekannten und völlig neuen Weg beschreiten.

Es gibt kein allgemeingültiges Rezept für das Aushalten der Ungewissheit, das Zurechtkommen mit der Angst und den Sorgen. Aber es gibt kleine Dinge, die der Seele guttun. Etwas davon ist, den Blick zu öffnen für kleine, wertvolle Momente. Augenblicke, die die nächsten Stunden oder den Tag kostbar machen. Vielleicht ist das eine der wichtigsten Aufgaben der Seelsorge: ein Gegenüber sein, mit dem man gemeinsam nach dem sucht, was guttut und bestärkt. Im Moment. Jetzt. Nicht erst in der Zukunft. Zum Beispiel eine Tasse Kaffee, die wirklich gut schmeckt. Ein Sonnenstrahl, der sich auf die Bettdecke verirrt. Das duftende Öl, das der Nachtdienst sanft auf eine schmerzende Stelle streicht. Ein Arzt, der sich ans Bett setzt und auf Augenhöhe ins Gespräch kommt. Eine Nachricht am Handy, dass da jemand an einen denkt. Manchmal auch das Abtauchen-Können in Erinnerungen oder in ein gutes Buch. Kleine Besonderheiten im (Krankenhaus-)Alltag. Nicht laut und auffällig und weltverändernd, sondern meist leise, sanft und unscheinbar.

Augenblicke, die daran erinnern, wie kostbar und wertvoll das Leben ist.

1 „Haben Sie einen Moment Zeit?"

Ein älterer Patient stellt mir diese Frage im Eingangsbereich des Krankenhauses. Hinauf ins Treppenhaus möchte er, er habe dort etwas gesehen, das er mir zeigen wolle. Neugierig gehe ich neben ihm her. Menschen eilen an uns vorüber, nehmen zwei Treppenstufen auf einmal.

„Da, schauen Sie!", ruft er mit einem Mal - und zeigt auf den Boden. Etwas erstaunt blicke ich auf die steinernen Treppenstufen. Jeden Tag laufe ich sie mehrmals hinauf und hinunter - gerne auch zwei auf einmal oder über die letzte Stufe springend. Im Marmor eingeschlossen sehe ich jetzt ein filigranes Schneckenhaus - und gleich daneben noch etwas, das einem Tier gleicht. Ich staune. Und gehe Stufe für Stufe mit dem älteren Herrn hinauf und bewundere die kostbaren Erinnerungen an alte Zeiten, die im Stein eingeschlossen sind. Mit einem Mal muss ich an die Stelle in der Bibel denken, als Gott zu Mose sagt: „Es ist heiliger Boden", den er betritt.

So viele kleine Wunder der Schöpfung gibt es - inmitten des Alltags, sogar zu meinen Füßen. Vielleicht kann ich von Mose lernen: Achtsamkeit. Ehrfurcht. Gottes Spuren sind wirklich überall zu finden ... sogar in den Treppen eines Krankenhauses.

2 „Ich will keine falschen Hoffnungen machen.“ Dieser Satz „sitzt“. Er gräbt sich tief in das Herz und wirkt auch Tage später noch nach, tief im Inneren. Welche „falschen Hoffnungen“ kann man sich denn machen? Ist es nur Naivität, wenn man gesund werden möchte? Ist es Verleugnen der Wahrheit, wenn man trotz schwerer Krankheit die Fülle des Lebens spüren möchte?

Vielleicht ist die Hoffnung ähnlich einer Feder im Wind, die von so manchem Sturm des Lebens kräftig herumgewirbelt wird, dann aber sanft und oft unscheinbar wieder am Boden der Realität landet, wenn sich die Unruhe langsam legt. Diese Feder der Hoffnung ist leicht, kann sich auch in so manchen wirren, wie in einem Netz verhangenen Gedanken verfangen - sie bleibt an tränennassen Wangen hängen und wirkt in die Tiefe.

Unser Glaube ist tief mit der Hoffnung verwoben. Wir dürfen vertrauen, dass wir getragen sind - gerade dann, wenn sich unser Leben wie ein dunkler, heftiger Sturm anfühlt. Hoffnung ist kein Versprechen, aber sie ist ein Sehnen nach etwas, das sich kaum in Worte fassen lässt. Sie ist leicht wie eine Feder und wiegt doch schwer, wenn sie einem genommen wird.

3 Es ist ein düsterer Vormittag. Schwere Regentropfen werden vom Wind ans Fenster gepeitscht und rinnen in kleinen Sturzbächen die Scheibe hinunter. Zwei Patienten im Zimmer lesen. Der eine auf seinem Handy, der andere auf dem E-Book-Reader. Auf dem Nachtkästchen des dritten Patienten liegt eine Bibel. Er liest jedoch nicht darin, er nimmt sie nur ins Krankenhaus mit, erzählt er mir. Sie ist wie ein treuer Begleiter während der Therapien.

Ob es in der Bibel Texte gibt, die er besonders mag? Er überlegt. Die anderen beiden Patienten schauen interessiert zu uns und scheinen sich ebenfalls Gedanken zu machen. „Da gibt es doch so was mit einem Hirten, der durch finstere Täler wandert ...", sagt da einer. Und die anderen stimmen zu. Es wird in der Bibel geblättert, im Internet gesucht und versucht, auf dem E-Book-Reader eine Bibel zu laden, um den Text des Psalms vollständig lesen zu können. Die drei Männer unterhalten sich über die Worte, ein jeder trägt dazu Bilder in sich, mit eigenen Erfahrungen.

Immer wieder begegne ich den drei Patienten noch, wenn auch nicht mehr im selben Zimmer. Sie sind von Krankheit gezeichnet und doch strahlen ihre Gesichter, wenn sie mir – jeder auf seine Weise – ihren neuen Therapie-Begleiter zeigen. Die Bibel.

4 Am Nachttisch meines Gegenübers steht eine Karte mit dem Spruch: „Für Wunder muss man beten, für Veränderungen muss man arbeiten." Wir kommen ein wenig ins Gespräch über das Beten und auch über Wunder. Wie wäre das wohl, wenn da auf einmal Jesus hereinkäme? Mit oder ohne weißen Mantel und Stethoskop? Oder wäre er mehr ein Krankenpfleger? Oder gar jemand von der Seelsorge?

Jeder im Krankenzimmer hat eine Idee beizutragen. Beinahe heiter und lustig ist die Stimmung – und dann entdecken wir gemeinsam: Den Wundern, von denen wir in der Bibel lesen können, ging oft ganz schön viel Arbeit voraus – es brauchte seine Zeit, bis jemand wirklich voll und ganz auf Jesus vertrauen konnte.

Krankheit kann sehr anstrengend sein und ist meistens mit Veränderungen im eigenen Leben und Denken verbunden, die nicht immer einfach umzusetzen sind. Aber durch sie kommt dann oft etwas in Bewegung ... und mit einem Mal kann Vertrauen wachsen, dass alles gut werden wird. Manch einer kann im Gespräch mit Gott der Zuversicht immer mehr Raum schenken – und sich öffnen für die kleinen und großen Wunder im Leben.

5 Wir halten einander an den Händen. Langsam und leise sprechen wir das Vaterunser. Danach schweigen wir. Wir stehen rund um das Bett eines Menschen, den kaum jemand von uns gekannt hat. Ein freundliches Lächeln habe ich in Erinnerung – von einer Begegnung wenige Stunden zuvor – und die Bitte: „Wenn es Zeit ist zu gehen, kann dann jemand bitte bei mir sein und einfach das Vaterunser beten."

Und da stehen wir nun. Ärzte. Pflegepersonal. Jeder scheint ein wenig in Gedanken versunken. Das Sterben eines Patienten konfrontiert mit der eigenen Sterblichkeit. „Es wird nie Routine", wird später jemand aus dem Team sagen: „Und gerade deshalb hat es gutgetan, dass wir gemeinsam da waren."

Wir halten einander an den Händen. Minutenlang stehen wir da und blicken in die Sonnenstrahlen, die durch die Lamellen der Jalousien sanft hereinleuchten. Durch das gekippte Fenster hören wir Vogelzwitschern. Und dann sprechen wir noch einmal das Vaterunser. Langsam, Wort für Wort können wir uns nach und nach lösen, um wieder frei zu werden für das Leben, das da draußen noch auf uns wartet.

6 Eigentlich sollte es ein schöner, unbeschwerter Urlaub werden. Doch mit einem Mal ist alles ganz anders. Statt Bergausrüstung trägt mein Gegenüber nun ein Krankenhaus-Nachthemd, statt deftiger Hüttenkost fließt die Nahrung durch dünne Schläuche in den Körper. Die Augen sind geschlossen, das Atmen erleichtern Geräte. Versammelt haben sich rund um das Bett diejenigen, die eigentlich auch einen fröhlichen Urlaub geplant hatten. „Vielleicht kann jemand beten?", so hatten sie das Personal gefragt. Wir stehen am Bett, bitten um Kraft und Gottes Segen für den schwerkranken Menschen, für seine Familie, die Freunde, alle, die sich Sorgen machen. Auch wenn niemand hörbar mitbetet, spürt man, wie sehr sie alle dieses Gebet mittragen.

Tage später gelingt das selbstständige Atmen und Essen, der Patient trägt jetzt ein buntes T-Shirt mit Bergmotiv. „Wissen Sie, wir sind alle ohne Religion aufgewachsen. Dass meinen Bergkameraden dann ausgerechnet das Beten einfällt, hätte ich nie gedacht." Der junge Mann ist sichtlich erstaunt, aber zutiefst dankbar: „Vielleicht ist es tatsächlich so, dass der Glaube Berge versetzen kann ..."

7 „Warum heilt mich Gott nicht?"

Es ist ein langer Moment der Stille, der auf diese Frage folgt. Was auch darauf antworten? Die Infusion tropft in den Arm, ein Gerät piept leise und regelmäßig im Hintergrund. Die Augen füllen sich mit Tränen. „Warum?"

Glaube ist etwas sehr Persönliches. Gebet, Tradition ... sie können auch als Fassade aufrechterhalten werden - der tiefe Glaube jedoch berührt das Herz. In Momenten, die ein quälendes „Warum?" mit sich bringen, hält eine Fassade nicht. Sie bricht und bröckelt.

Der Glaube, der tief im Herzen verwurzelt ist, könnte mit „Vertrauen" beschrieben werden. Gott will Gutes für mich - das Beste. Aber es kann anders sein, als ich mir das vorstelle.

Manchmal heilt Gott sofort durch ein Wunder. Manchmal heilt er durch Ärzte und Medikamente. Manchmal holt er uns nach Hause und heilt uns dort. Welchen Weg Gott wählt, entscheidet er. Gott ist Gott. Ich bin es nicht. Gott will mein Heil, darauf darf ich vertrauen.

Auch inmitten des „Warum?" kann ich heil werden - dadurch, dass ich nicht verstecke und verdränge, was mich quält. Sondern mich fallen lasse - in Gottes Hand.

8 Es ist ein sonniger, warmer Nachmittag. Durch das gekippte Fenster hört man die Vögel in den Bäumen vor dem Krankenhaus zwitschern. Ein leises Lachen der vorbeigehenden Menschen weht kurz herein, dann ist es wieder ruhig. Ich fülle ein wenig Wasser in das Glas eines Patienten und reiche es ihm. Langsam und mit Bedacht trinkt er Schluck für Schluck. Sichtlich genießt er das kühle Nass hier im warmen Krankenzimmer. Mit einem Mal durchbricht das laute Rattern der rotierenden Propeller des Rettungshubschraubers die Stille im Zimmer. Draußen vor dem Fenster lässt sich der „gelbe Engel" nieder. Die Bäume biegen sich zur Seite, nichts anderes als der laute Motorlärm ist zu hören.

Ein Sonnenstrahl verirrt sich in das halb gefüllte Wasserglas auf dem Nachtkästchen. Die langsam rotierenden Flügel des Propellers draußen brechen das Licht anders als zuvor die frühsommerliche Stille. Mit einem Mal spannt sich ein Regenbogen über die Bettdecke des Patienten. Wir staunen. Die Farben fließen ineinander, bewegen sich im Rhythmus der Propellerflügel. Wir sehen nur noch den Regenbogen. Alles andere verblasst. Ein Augenblick spürbare Physik. Eine Erinnerung an die kleinen Freuden im Leben. So oft hängen sie von dem ab, worauf wir unseren Blick richten.

9 „… Wunder gibt es nicht“, sagt mein Gegenüber mit einem Schulterzucken. „Oder?“ Sein Blick wandert durch den Raum, hält bei jeder Person kurz inne. „Kommt drauf an, was man als Wunder bezeichnet …“, sage ich.

Und dann kommen wir ins Gespräch. Alle Patienten im Zimmer beteiligen sich und erzählen aus ihrem Leben, vor allem auch im Blick auf ihre oft jahrelangen schweren Erkrankungen. „Ich vertrage die Therapien gut, auch nach so vielen Jahren. Das ist ein richtiges Wunder für mich“, sagt jemand. „Ich weiß, dass ich nicht so gesund werden kann, wie ich gerne würde. Aber eigentlich ist das nicht mehr so wichtig für mich. Ich fühle mich gut und kann jeden Tag nehmen, wie er eben kommt. Das wäre mir früher nie möglich gewesen …“, sagt jemand anderer.

Wunder geschehen meistens ganz unscheinbar und ohne große Zuschauermengen. Sie vollziehen sich oft im Inneren eines Menschen: lassen Hoffnung und Zuversicht wachsen, wo es kaum denkbar erscheint. Vielleicht erkennt man das Wunder auch nicht auf den ersten Blick – oder erst rückblickend. Möglicherweise ist ja genau das das Besondere an einem Wunder: dass man es selbst spürt, auch wenn andere es (noch) gar nicht sehen. Es gibt Wunder – ganz oft aber anders als gedacht.

10 Bei meiner Arbeit im Krankenhaus begegne ich immer wieder der Frage, wie und vor allem auch wo man Gott finden könne. Viele Menschen haben sehr persönliche Vorstellungen davon, aber gerade in Krankheit und Sorge braucht es so etwas wie „Bestätigung" im Glauben. Denn dass Gott nicht unbedingt mit Pauken und Trompeten - oder in Krankenhaussprache gesagt: mit Skalpell und Infusionsflasche - kommt, spüren viele. Es ist das Suchen Gottes in den kleinen Dingen. In Begegnungen, Gesprächen, kleinen Zeichen.

Immer wieder kommt mir dann die Stelle aus dem Buch der Könige in den Sinn, in der Elija auf Gott wartet. Doch Gott ist nicht im Sturm und auch nicht im Erdbeben. Erst im leisen Säuseln des Windes nimmt Elija Gott wahr.

Dieser Text gibt vielen Menschen Zuversicht (mir auch). Weil Gott oft eben genau da ist, wo man ihn nicht erwarten würde - auf den ersten Blick. Ein Patient sagte mir einmal: „Ich glaub, ich muss jetzt jedes Mal an Gott denken, wenn ich die frische Brise spüre, die durch das gekippte Fenster kommt."

Es tut gut, im Krankenhausalltag offen zu bleiben für das leise Säuseln des Windes ...

11

Wütend sieht mich mein Gegenüber an. Düster ist es draußen, Regen peitscht gegen die Fensterscheibe. Das Licht flackert hinter dem Krankenbett. Die Worte quellen nur so heraus: „Alles ist so ein Scheiß!" - und dann rinnen die Tränen. Das Schluchzen ist sicher bis hinaus auf den Gang zu hören. Ich reiche ein Taschentuch, streichle ein wenig über den Rücken meines Gegenübers und warte. Warte, bis alles einmal „draußen" ist, was sich in den letzten Tagen und Wochen tief drin angesammelt hat. Nach einer Weile wird der Patient ruhiger. Schnäuzt sich. Atmet tief durch.

„Das musste mal alles raus", seufzt er. Ich nicke. Wir schauen aus dem Fenster, während der Regen ein wenig nachlässt. Ganz sanft wird ein Regenbogen sichtbar - wir staunen. Hinter all den Regentropfen und der tiefen Düsternis sind da Farben zu erkennen! Andächtig schauen wir hinaus. „Der da oben hat mein Schimpfen wohl grad gehört, hm?", zwinkert mein Gegenüber mir zu. „Schaut ganz so aus", zwinkere ich zurück. Ganz ruhig sitzen wir noch eine ganze Weile da und staunen.

12

Offensichtlich ist die Angehörige nervös. Der ganze Körper scheint zu beben, die Finger trommeln unruhig auf den wippenden Knien. Immer wieder geht der Blick hinaus aus dem Fenster und wandert dann wieder zurück zur Tür der Intensivstation. „Es fühlt sich an, als würde ich schon seit Stunden auf eine Nachricht warten", seufzt sie. Eigentlich sind aber erst gute zehn Minuten vergangen. Hier im Krankenhaus. Davor noch der erschreckende Anruf, dann die Autofahrt hierher - und jetzt erst einmal die Aufforderung, bitte zu warten. „Wenn ich nur sehen könnte, was gerade geschieht!"

Dieses „Nicht-Sehen-Können" macht vielen Menschen zu schaffen. Befürchtungen und Ängste nehmen während des Wartens viel Raum ein. Wir sitzen fast eine halbe Stunde dort und ich darf Geschichten hören von dem Menschen, um den gerade alle Sorgen und Gedanken kreisen. Es gibt sogar Momente, in denen ein Lächeln über die Lippen huscht. Langsam weicht die Anspannung. „Ich glaube, ich habe die Wartezeit jetzt echt gebraucht. Es hat wohl wirklich alles seine Zeit ...", seufzt mein Gegenüber.

Dann - endlich öffnet sich die Tür: „Sie können hereinkommen!" Meine Gesprächspartnerin lächelt.

13 Sanft streichen die Hände über die Schwellungen im Gesicht. Kurz verzieht sich der Mund, als die Finger eine wunde Stelle berühren. Langsam legt mein Gegenüber den Spiegel zurück auf den Nachttisch. „Jeden Morgen schaue ich hinein und suche, ob sich etwas geändert hat." Die Augen füllen sich mit Tränen. „Seit Wochen tut sich nichts. Gar nichts. Menschen ekeln sich vor mir. Ich spüre das ganz genau. Und eigentlich ist es ja verständlich. Wie schaue ich auch aus!"

Trotz aller Therapien kann es geschehen, dass Symptome nicht abklingen und dass eine Erkrankung fortschreitet. Das auszuhalten, einen solchen Weg mitzugehen, ist schwer – vor allem wenn eine Krankheit auch äußerlich sehr verändert. Die Patientin weiß das nur zu gut. Familie und Freunde, die auch jetzt noch da sind, lassen sich an wenigen Fingern abzählen.

Einige Wochen später erhalte ich ein Gedenkkärtchen, das mir jemand aus der Familie geschickt hat, mit einem Foto aus gesunden Tagen und einem begonnenen Brief an mich: „... dass Sie mir die Hand gegeben haben damals, ohne zu zögern ..." – diesen Satz bewahre ich im Herzen. Denn manchmal braucht es gar nicht mehr: die Hand reichen. Ohne zu zögern.

14 „Die Angehörigen möchten ..." - diesen Satz höre ich oft. Und nicht immer ist es abgesprochen mit dem Menschen, dem ich dann begegne. Auch heute scheint es mir so zu sein, denn der Patient ist sichtlich irritiert, als ich mich vorstelle. Eine Mischung aus Ablehnung und Neugier spiegelt sich in den Worten - und deutliche Irritation darüber, dass jemand „für den Verein da" überhaupt noch arbeitet, mit all den Skandalen. Wir kommen dann ins Gespräch: über die Relevanz von Religion und Kirche in der Gesellschaft. Dazu kommt noch die Frage nach dem Blickwinkel: Worauf konzentriere ich mich? Auf das, was sprachlos macht und ärgert? Oder darauf, welche Möglichkeiten ich selbst habe?

„Jetzt haben wir ja über Gott und die Welt geredet", schmunzelt mein Gesprächspartner, als ich mich verabschiede. Fast eine ganze Stunde haben wir gesprochen, einander zugehört und diskutiert. „Erstaunlich, dass wir doch im Großen und Ganzen eigentlich dasselbe denken. Obwohl Sie für die Kirche arbeiten." Ich muss schmunzeln: „Schließt das eine das andere aus?"

„Vor einer Stunde noch hätte ich das sicher behauptet", lacht mein Gegenüber.

15 „Vielleicht kann ein Engel einfach alles leichtnehmen", überlegt mein Gegenüber. Es sind Tage des Abschiednehmens, mitten im Leben. Mitten in Beruf, Familie, Plänen für die Zukunft. Es ist kein langes Leben, um darauf zurückzublicken, und die Diagnose wiegt zu schwer, um noch viele Jahre füllen zu können. „Ob ich auch ein Engel sein werde, dann, wenn ich nicht mehr hier bin?"

Viele Gedanken gehen durch den Kopf, wenn die Endlichkeit des Lebens nicht mehr nur „theoretisch" ist, sondern vielmehr unmittelbar. „Ich werde meine Aufgabe auf der Erde wohl einfach schon erledigt haben ...", seufzt die junge Patientin. Und wir sprechen darüber, wie leicht es ist, das Schwere zurückzulassen. Und um wie viel schwerer, nicht das Glück festhalten zu wollen.

Ein Sonnenstrahl verirrt sich auf das Nachtkästchen und leuchtet auf die Flügel der kleinen dort sitzenden Engelsfigur. „Das schaut ja aus, als tät der Engel gleich losfliegen", bemerkt ein Pfleger, der gerade das Essen ins Zimmer bringt. „Ja, da kriegt man glatt Lust mitzufliegen!", lacht mein Gegenüber. Es hört sich ganz leicht und frei an.

16

Es ist ein kurzer Moment, in dem die Augen feucht werden. Eine einzelne Träne hängt zwischen den Wimpern und lässt sich nicht so schnell wegblinzeln wie gewünscht. „Eigentlich gibt es seit damals keine Zukunft mehr, noch nicht mal eine Gegenwart", seufzt die Patientin. „Aber ich will nicht weinen. Ich habe Angst, dass ich nie mehr damit aufhören kann, wenn ich einmal damit anfange."

Ich reiche ein Taschentuch. Und mit einem Mal bricht der Damm, der schon so viele Jahre und Jahrzehnte gehalten hat.

Es ist wichtig zu weinen. Das Hinunterschlucken und „Stark-sein-Wollen" macht Druck. Es kostet viel Kraft, gegen die Tränen anzukämpfen.

„Es hat alles seine Zeit", lesen wir bei Kohelet. Auch das Weinen. Tränen helfen dabei, sich ganz und gar in der Gegenwart wahrzunehmen und in Bezug zu bringen zur Vergangenheit. Tränen sind wichtig, um zu wachsen in der Erfahrung und den Blick zu öffnen für das, was kommt.

„Jetzt fühl ich mich ganz leicht. Wie ein Luftballon", sagt mein Gegenüber nach einer langen Weile. „Ich könnt jetzt glatt fliegen ..."

17 Zusammengekauert unter der Decke liegt mein Gegenüber im Bett und spricht kaum. Und ich eigentlich auch nicht. Es gibt Situationen, in denen die Worte fehlen. Oder jedes Wort eines zu viel wäre.

Da landet mit einem Mal ein Schmetterling am Fliegengitter vor der Fensterscheibe. Der schmerzgeplagte Patient lächelt. Dass ich auch lächle, sieht man nur an den Augen. Der Mundschutz verdeckt vieles.

„Ob die Raupe im Kokon weiß, dass es ein Leben danach gibt?", fragt er.

Und wir sprechen. Über Hoffnung. Über Ahnungen. Über Erfahrungen im Leben, die eine Hoffnung bestärken können. Über die Nähe des Schmetterlings zum menschlichen Leben.

Die Worte fließen. Nach und nach schält sich mein Gegenüber aus der Decke und richtet sich auf: „Vielleicht reicht ja einfach die Hoffnung. Und man muss gar nicht wissen, was danach ist ..."

Wir blicken wieder zum Fenster. Der Schmetterling setzt zum Abflug an – und schaukelt hinaus in die Herbstsonne ...

18 „Ein Buch der Bibel mit vier Buchstaben ..." - erwartungsvoll wendet sich der Blick mir zu. „Ähh ..." - ich muss überlegen. Da kommen einige infrage. „Das müsste doch wie aus der Pistole geschossen kommen bei jemandem wie Ihnen", amüsiert sich der Rätselfreund.

Wir versuchen es mit Hiob, dann mit Amos und entdecken, dass wohl Ruth gemeint ist.

„Was? Das gibt es? Einen Frauennamen?" Mein Gegenüber staunt.

„Ich dachte, da gibt es nur Männer in der Bibel."

Jetzt muss ich ein wenig schmunzeln und wir kommen ins Gespräch. Über Ruth und Noomi, über die eigenen Lebenserfahrungen, über das Verhältnis zu Schwiegereltern. Über den Tod eines vertrauten Menschen, mit dem man sich die Zukunft ausgemalt hat. Über das Neuanfangen. Und über die guten Dinge, die oft auch aus etwas Schwerem entstehen können.

Nach einer Weile schaut der Patient wieder auf das Rätselheft und sieht mich prüfend an. „Und jetzt ein Buch der Bibel mit sechs Buchstaben!" Ich wundere mich: „Was ist denn das für ein religiöses Rätsel?" Mein Gegenüber lacht. „Nein, Scherz! Ich wollte nur schauen, wie Sie reagieren ..."

Da muss ich schmunzeln.

19 „Wir haben zwar in einem Haus gelebt, aber jeder ist seiner Wege gegangen ..." Mein Gegenüber wagt es kaum, die Hand zu berühren, die da auf der weißen Decke liegt. „Ich weiß gar nicht, wann ich das letzte Mal die Hand gehalten habe. Traurig eigentlich." Wir schauen einander an. „Vielleicht ist jetzt die Gelegenheit ...", sage ich. Zögerlich nimmt der ältere Herr die Hand, dreht den Ehering am Finger ein wenig und sucht nach dem eigenen. Legt die beiden Hände nebeneinander. Tränen sammeln sich in den Augen: „Was ist da nur schiefgelaufen?"

Es gibt sie, diese bitteren, schmerzvollen Momente der Erkenntnis. Sie tun weh, sind aber zugleich eine große Chance. Sie öffnen die Augen und das Herz für Veränderung und Möglichkeiten im eigenen Leben. Sie sind wie eine Einladung zum Neu- oder Wiederanfang.

Wochen später treffe ich die beiden wieder. Hand in Hand, eng aneinander geschmiegt gehen sie langsam den Gang entlang. Ganz unverhofft spüre ich tiefe Freude und Dankbarkeit. Wie wertvoll es doch ist, Augen und Herz für einen Neubeginn zu öffnen!

20 „Es ist furchtbar, so eine Diagnose zu bekommen." Mein Gegenüber klingt zornig. Die Hände halten die zitternden Knie. Ab und zu gibt es ein Zucken, das den ganzen Körper umfängt. „Besser wäre, man ist gleich tot." Ich muss schlucken.

Da fällt ein Lichtstrahl durch die Fensterfront und leuchtet auf eine dunkelrote Blume, die förmlich zu strahlen beginnt. Nur wenige Sekunden, aber ganz deutlich zu erkennen. Der zitternden Patientin huscht ein Lächeln übers Gesicht. „Wenn Sie schon tot wären, hätten Sie jetzt dieses Leuchten wohl nicht gesehen." Ich bin zu langsam, um diesen Satz runterzuschlucken. Schon ist er ausgesprochen. Sie sieht mich erstaunt an. „Naja. So gesehen ist es gut, dass ich noch da bin." Und nach einer Weile: „Haben Sie das auch gesehen? Dieses Licht?"

Vielleicht ist genau das mit „Gnade" gemeint. Ein solcher Moment. In dem man nur staunen kann und irgendwie glücklich ist. Nicht planbar, nicht vorhersehbar. Ein Geschenk.

21

„Was würdest du an meiner Stelle tun?"

Eigentlich kann ich auf diese Frage nichts antworten. Ich bin nicht an „dieser Stelle" in meinem Leben, kann mir nur ausmalen, wie es sich anfühlen kann ... aber eigentlich habe ich keine Ahnung. „Rotz und Wasser plärren wahrscheinlich ...", sage ich nach einer Weile.

Seltsamerweise wirkt mein Gegenüber erleichtert. Schaut mich an, hält meine Hand fest, und ich glaube einen Hauch Lächeln in den Mundwinkeln zu erkennen. Je mehr Tränen fließen, umso gelöster wirkt die junge Frau. Ich sitze da, reiche ein Taschentuch nach dem anderen, wir sehen uns an ... und schweigen.

Der Wind lässt das Laub in den Bäumen vor dem Fenster leise rascheln und das Zirpen der Grillen draußen wirkt wie Musik. Die Sonnenstrahlen lassen die Blumen auf dem Nachttisch hell leuchten.

Es fühlt sich zwar ein wenig merkwürdig an, nur „da zu sein" und kaum etwas zu reden, aber irgendwie auch gut. Manchmal ist es wohl genau das, was es im Moment braucht. Jemanden, der dableibt. Ein Taschentuch reicht. Und eigentlich keine Lösung hat für das, was bedrückt. Sondern einfach aushält, dass es so ist, wie es eben ist. Begleitet von Wind, Grillenzirpen und sanften Sonnenstrahlen.

22 Es gibt Dinge im Leben, die irgendwie „nebenbei“ geschehen und denen auch keine große Bedeutung beigemessen wird. Manchmal werden diese Dinge verschoben mit dem Gedanken: „Das kann ich ja später einmal machen.“ Ich denke, dass wohl jeder Mensch diese Art des Handelns kennt.

Bei meiner Arbeit im Krankenhaus wird mir das immer wieder neu bewusst, wenn ich mit Menschen spreche, deren Leben mit einem Mal - oft von einer Sekunde zur nächsten - eine Wendung erfahren hat: ein Unfall, eine schwere Erkrankung, eine Komplikation bei einem Routineeingriff. Mit einem Mal erscheinen Alltäglichkeiten besonders kostbar: das Treffen von Freunden, das Sich-Zeit-Nehmen für den Partner, Geduld beim Hausaufgabenmachen mit dem Kind, das Genießen des Essens ...

Es sind nicht unrealistische Träume oder teure Wunschgedanken, die die Menschen bewegen. Es sind die kleinen Dinge des Alltags, nach denen sich Menschen sehnen. „Niemand kennt die Stunde ...“, schreibt der Evangelist Matthäus. Und gerade deshalb ist jede einzelne Sekunde meines Lebens wertvoll, jede Begegnung kostbar und ganz besonders auch der Alltag ein Geschenk - das Leben ist es wert, „voll“ gelebt zu werden.

23 Viele Menschen leben in der Vergangenheit. Sie hängen fest an dem, was war, oder an dem, was hätte sein können. Manche Menschen aber leben mehr in der Zukunft. Sie leben von dem, was einmal sein könnte. „Wenn ich in Pension bin, dann ..." oder „Wenn ich nicht mehr so viel zu erledigen habe, dann ..."

Vergangenheit und Zukunft gehören zu unserem Leben. Ich bin, wer ich bin - weil ich das erlebt habe, was in der Vergangenheit war. Alles, was geschehen ist - aber auch das, was *nicht* geschehen oder offen und unvollendet geblieben ist -, macht mich zu dem Menschen, der ich *heute* bin. Was in Zukunft geschehen wird, kann ich nur wenig beeinflussen. Ich darf träumen, planen ... aber was wirklich geschehen wird? Das liegt in anderen Händen.

Geschenkt ist mir aber die Gegenwart, das Heute: dieser Tag, diese Stunde. Wenn ich den Augenblick wahrnehme, kann ich mein Leben gestalten. Und in diesem „Mein-Leben-Leben" - ganz bewusst - kann ich ruhiger werden im Blick auf die Vergangenheit und vielleicht kann die Zuversicht wachsen auf eine glückliche Zukunft - die getragen ist von einem, der bei mir ist: gestern, heute und morgen.

24 Schon viele Wochen begleite ich die beiden Frauen bei ihren Krankenhaus-Aufenthalten. Dass die beiden in einem Zimmer liegen, ist aber etwas Neues. Jeden Tag komme ich vorbei, wir sprechen ein wenig, ab und an möchten die beiden Patientinnen die Krankenkommunion empfangen - als „Stärkung von oben", wie sie es nennen. Es gibt auch immer wieder viel zu lachen.

An einem gewittrigen Vormittag sitzen beide mit Tränen auf einem Bett, halten einander im Arm. Die eine sichtlich geschwächt von den vielen Therapien und die andere tief verzweifelt, weil es keine Therapiemöglichkeit mehr zu geben scheint. Irgendwann gibt es keine Worte mehr. Aber den tiefen Wunsch nach einem Krankensegen und einer „Stärkung von oben".

Wir beten miteinander, geben dem Bedrückenden Raum und öffnen es für die Zuversicht, dass in Gott alles Geborgenheit und Begleitung findet. Ganz sanft zeichnen die beiden Frauen einander ein Kreuz auf die Stirn, umarmen sich. In diesem Augenblick lichtet sich der Himmel und ein Lichtstrahl fällt ins Zimmer.

Das ist ein Bild, das ich in meinem Herzen bewahre. Vielleicht mein ganzes Leben lang.

25 Mein Gegenüber wirkt enttäuscht. „Es war so schön dort ... und jetzt bin ich hier ..." Einige Zeit ist schon vergangen seit der Reanimation. Alles ist gut gegangen – aus medizinischer Sicht. Trotzdem ist der Patient gar nicht glücklich darüber. Was „dort" war, lässt sich mit Worten offenbar kaum beschreiben, aber es muss ein unfassbar gutes Gefühl gewesen sein. Wir kommen ins Gespräch über das „Dort" und das „Hier" – und ja, auch über die Enttäuschung, die jetzt spürbar ist. „Vielleicht gibt es einfach noch Aufgaben für Sie hier auf Erden?", sage ich. Er sieht mich nachdenklich an.

Manchmal kommt es im Leben anders als gedacht. Ich kann nur vertrauen, dass es gut ist und Sinn macht, so wie es kommt. Auch wenn es nicht mit meinen Wünschen und Plänen übereinstimmt.

Wochen später treffe ich den Herrn zufällig in einem Geschäft. Wir grüßen uns freundlich, gehen aber jeder unserer Wege. Bei der Kasse treffen wir uns noch mal. „Das ist meine Aufgabe", lächelt er – und zeigt auf das Enkelkind an der Hand: „Wie schön, dass mir noch Lebenszeit geschenkt ist!"

26 „Ich mag nicht mehr." Dieser Satz begleitete die letzten Wochen. Die lange Zeit der Erkrankung hatte Spuren hinterlassen: Schmerzen, Veränderungen am Körper, Müdigkeit.

Es gab da aber noch eine besondere Stunde. Die verzweifelte Dame zuerst in Tränen aufgelöst, dann später voller Lachen und Genießen, als wir den Nachttisch kurzerhand für ein Kaffeekränzchen umfunktionierten: Espresso aus der Kaffeemaschine, Milch vom Kiosk und Kekse von jemandem aus dem Zimmer. Dazu noch eine bunte Serviette und frohes Plaudern. „Dass das Leben noch so schön sein kann", freute sich die Patientin.

Nur wenige Tage später wird meine Hand festgehalten. Mit tiefem Blick sieht mir mein Gegenüber in die Augen. Ganz ohne Worte wissen wir beide, dass es „so weit" ist. Ich sitze am Bett und höre das langsame Atmen. „Wenn ich dann nicht mehr bin, trink einen Kaffee auf mich ..." - mit einem Augenzwinkern sieht mich die Patientin an. „Kekse dazu, okay?"

Da müssen wir beide lachen. Am Sterbebett.

27 „Was habt ihr denn jetzt so lange geredet?" Die Pflegeperson sieht mich ein wenig erstaunt an, als ich aus dem Patientenzimmer komme. Überrascht blicke ich auf meine Uhr. Zwei Stunden lang waren mein Gegenüber und ich offenbar im Gespräch vertieft gewesen.

Nun ja, wir hatten über Gott und die Welt geredet, wie man so schön sagt: die Weltpolitik unter die Lupe genommen, über das Leben gesprochen und über Bücher. Die Grundfrage hinter all dem war aber eigentlich eine ganz andere. Jene nach dem Zufall nämlich. Ob es ihn gibt. Oder nicht. Oder ob in so manchem Zufall nicht vielleicht auch Gott durchscheint.

Am Nachmittag kaufe ich mir in der Buchhandlung ein Buch, von dem mir mein Gesprächspartner erzählt hatte. Während ich an der Kasse warte, sehe ich jemanden ein mir bekanntes Buch kaufen und höre das gleichzeitig geführte Telefongespräch. „Du willst echt ein Buch, von dem dir eine Seelsorgerin erzählt hat? Die ist doch von der Kirche, oder nicht?", fragt derjenige ins Telefon. Und nach einer Weile: „Naja, schaut eh nach was Gscheitem aus ..."

Ich muss schmunzeln. Zufälle gibt's ;-)

28 „Einatmen, ausatmen, einatmen, ausatmen ..." – leise spreche ich die Worte am Krankenbett. Langsam wird der Atem meines Gegenübers ruhiger, regelmäßiger. Die letzten Tage haben Spuren hinterlassen: eine schwere Diagnose, merkwürdige Reaktionen aus Familien- und Freundeskreis, Ungewissheit. Die Gedanken wandern mal in die eine, dann in die andere Richtung. Vor allem die langen Nächte sind quälend und Worte fehlen.

Manchmal kann es guttun, einfach zu atmen. Das Unglück sozusagen auszuatmen, ganz tief. Alles Schwere hinauszulassen, um dann wieder einatmen zu können: neue Lebenskraft. Zuversicht. Hoffnung. Und dann vielleicht sogar Worte zu finden für das Schwere, und langsam selbst zu begreifen, was geschehen ist. Um klar sein zu können: für sich selbst, aber auch für andere, die verstehen möchten. Vielleicht kommen dann auch Tränen über all das Unglück, das einen zu erdrücken scheint. Tränen sind wichtig, weil sie sicht- und spürbar machen, wie wir uns fühlen. „Und er wird ihre Tränen abwischen ...", lesen wir in der Bibel – darauf dürfen wir vertrauen. So kann die Zuversicht wachsen, im Weinen, im Atmen, im Hineinwachsen in das Neue, das da auf einen zukommt.

29 „Ich fühl mich wunderbar. Obwohl ich weiß, dass ich nicht mehr lange habe ..." Mein Gegenüber ist von Krankheit gezeichnet - und doch ist da ein Lächeln. Ich darf hören, was Hoffnung bedeuten kann - vor allem in schweren Zeiten.

Ein Mensch kann sehr lange Zeit ohne Nahrung auskommen, bei Wasser ist es schon schwieriger. Ohne Luft sind es höchstens wenige Minuten. Und ohne Hoffnung? Immer wieder erlebe ich im Krankenhaus, wie Hoffnung Stück für Stück wachsen kann. Ausgerechnet in Anbetracht von Krankheit und Leid!

Wenn es Zeit und Raum für Fragen gibt und Tränen fließen dürfen. Menschen da sind, die den oft schweren Weg mitgehen: einfach so, ohne Floskeln oder „Du musst kämpfen"-Ansagen. Wenn es Versöhnung gibt, vielleicht ganz besonders mit sich selbst und den eigenen Unzulänglichkeiten.

Langsam kann ein Gefühl tief im Inneren zu keimen beginnen, eines, das auch unseren Glauben zutiefst prägt: die Hoffnung - und die Zuversicht beginnt zu wachsen: Es wird gut sein. Auch der Frühling erinnert daran: Tief in der Dunkelheit der Erde ist hoffnungsvolles Grün zu finden. Aber manchmal dauert es, bis es knospen und blühen kann.

30 „Die Diagnose hat alles verändert", seufzt die Patientin. Wir schauen aus dem Fenster hinaus auf die Berge, die von der Sonne in goldenes Licht getaucht schimmern. „Obwohl es medizinisch gar nicht so schlecht aussieht, haben *die* mich aufgegeben." Wer mit *die* gemeint ist, frage ich.

Meine Gesprächspartnerin dreht sich zu mir und erzählt von nahen Menschen und Familie, von denen man es sich niemals erwartet hätte, die jegliche Hoffnung und Zuversichtsgedanken gar nicht aufkommen lassen - oder Druck erzeugen mit ständigem „Du musst nur positiv denken".

Eine Erfahrung, die Patienten immer wieder machen. Es fühlt sich beinahe so an, als würde man einem Schwimmanfänger die Schwimmflügel wegnehmen. Ohne ein wenig tragende Sicherheit breitet sich Panik aus: Wohin wenden? Wie weiterkommen? Wer unterstützt mich überhaupt noch?

Nach einer Stunde voller Sprechen und Schweigen schauen wir wieder hinaus auf die Berge, sehen, wie das Licht sich verändert. Beten um Kraft für das, was kommt. „Der da oben gibt mich nicht auf", sagt mein Gegenüber und lächelt.

31 „Mein ganzes Leben habe ich darüber nicht sprechen können", flüstert mein Gegenüber. Viele Lebensjahre sind vergangen, glückliche und schwere Stunden durchlebt. Die Erkrankung hat Spuren hinterlassen, und langsam wächst das Gefühl, dass die Kraft zu Ende geht. Auch wenn nicht alles ganz vorbildlich gelaufen ist im Lebensalltag: Insgesamt kann sie mit Frieden zurückblicken. Und doch gibt es da etwas, das quält. Bei jedem Versuch, es zur Sprache zu bringen, kommen Tränen - aber keine Worte. Irgendwann beginnen sie aber zu fließen, die Worte und Sätze, die erzählen, was so sehr bedrückt - seit Jahren.

Es ist ein warmer Herbsttag, an dem wir uns dann gemeinsam aufmachen zu einem ganz besonderen Ort des Gedenkens. Die Sonne schimmert golden durch die Baumkronen. Mit zitternden Händen zündet die hochbetagte Dame eine Kerze an und spricht den Namen des während der Schwangerschaft verstorbenen Kindes aus, der ein ganzes Leben lang im Herzen war. Ein kleiner blauer Schmetterling schaukelt in der Luft und lässt sich vorsichtig auf einer Blüte am Kindergrab nieder. Er bleibt eine ganz Weile, bis er wieder hinauf Richtung Himmel flattert ...

32 „Das Schlimmste ist eigentlich die Reaktion der Leute rundherum …“, seufzt mein Gegenüber. „Die haben mich schon abgeschrieben. Die hören nur das Wort ‚Krebs‘ und schon gehen sie davon aus, dass ich bald sterbe …“ Meine Gesprächspartnerin erzählt von der Ohnmacht und Wut, die einen überkommen, wenn man das „mitkriegt“, wie geredet wird. Es wirft einen Schatten über die eigentlich gute Prognose, die erfolgreiche Therapie und die guten Heilungschancen.

Eine Erfahrung, die viele Patienten machen – so manche Reaktion des Umfelds wird zu einer Belastung, enttäuscht, fordert heraus. „In so einer Zeit lernt man die Leute erst richtig kennen“, erzählen viele.

Wir sprechen darüber, was gegen diesen „Schatten“ hilft, was guttut und ihn in den Hintergrund rücken lässt. Denn eigentlich ist da ja große Freude und Dankbarkeit, dass die Therapie so gut wirkt und bald alles überstanden sein wird.

Wir überlegen Antworten, wie man auf das Gerede reagieren könnte. Immerhin stirbt ja jeder irgendwann. Makabre Sätze fallen uns ein. Ein bisschen böse sind manche. Aber es ist Leichtigkeit spürbar. Fröhlichkeit. Und am Ende unseres Gesprächs haben wir beide Tränen in den Augen – vor Lachen.

33 Es sind kostbare Zeiten, jene am Übergang zwischen dem Leben, das wir kennen, und dem, in das wir glauben und hoffen, hineinzugehen. Für viele Menschen sind es die schwersten Stunden ihres Lebens – prägende, in die Tiefe gehende Momente, in denen man aushält und mitträgt, was das Sterben eines geliebten Menschen mit sich bringt. Manchmal fehlen die Worte. Und doch sagt die Hand, die da hält und sanft streichelt, vielleicht mehr als man jemals aussprechen könnte.

Immer wieder begegnet mir da der Satz: „Man muss loslassen ..." Vielleicht aus Hilflosigkeit, möglicherweise verbunden mit der Hoffnung, dass der Abschied leichter fällt, wenn man „loslässt". Und doch erlebe ich immer wieder eigentlich das Gegenteil. Da, wo Menschen „bleiben", die Hand halten, gemeinsam weinen ... und den Menschen, der da noch mitten unter ihnen ist, als Teil ihres Lebens annehmen – dort spürt man, dass es eigentlich um etwas anderes als das „Loslassen" geht. Das, was ich mit dem Menschen, von dem ich Abschied nehme, gemeinsam erlebt habe: Ich darf es im Herzen bewahren. Auch wenn ich traurig bin und nicht fassen kann, was geschieht: Was uns immer verbinden wird, brauche ich nicht loszulassen. Was immer bleiben darf, ist die Liebe.

34

„Ob das noch was bringt?" Es klingt mehr nach Feststellung als nach Frage. Das Krankenzimmer ist etwas abgedunkelt, eine Salzlampe verbreitet warmes, ruhiges Licht. Im Bett liegt ein schwer kranker Mensch, schläft und merkt möglicherweise gar nicht, dass da jemand gekommen ist, um ein wenig Zeit hier zu verbringen und zu begleiten. Das „Bringt das noch was?" wird von einem Besuchenden gesagt. Und dann darf ich hören von diesem Schwerkranken, den ich nur in seiner körperlichen Schwäche kennengelernt habe, von dem ich so vieles nicht weiß, das voller Lebensfreude und Kraft war. Das Sprechen tut gut. Mir, die ich so viel Schönes und Bewegendes erfahren darf. Meinem Gegenüber, das ein bisschen Wärme des Lebens zur Sprache bringen und - es scheint so - eine Art „neuer Verbindung" aufbauen kann zu dem geliebten Menschen, der im Krankenbett so fremd erscheint.

Aus diesen beschwerlichen Stunden wächst etwas sehr Wertvolles, etwas, das wichtig ist und „es bringt". Ein Mensch darf Mensch sein, wird nicht auf Krankheit und Prognose reduziert. Jeder Tag, jede Stunde, jeder Mensch ist kostbar. Aus dem „Bringen" wird ein „Bekommen": ein Geschenk, Erinnerungen zu haben - und ja: auch schwere Zeiten miteinander erleben zu dürfen.

35 Durch den Nebel strahlt uns kräftiges Gelb entgegen, dazwischen schon erste kahle Äste. Der Wind wirbelt Laub durch die Luft, bunte Blätter fallen zu Boden. Wir sitzen am Fenster im Krankenzimmer und schauen hinaus in den Herbst. Mein Gegenüber atmet schwer, hält meine Hand fest und spricht langsam. Immer wieder ein paar Worte, lange Stille dazwischen. Der Wind weht ein großes, gelbes Blatt ans Fenster. Es bleibt mit einer Blattseite im Fliegengitter hängen. Wir lächeln uns an und freuen uns an dem überraschenden Herbstbesuch. „Irgendwann muss es weiterfliegen dürfen ..." - die Worte scheinen sich im Raum zu verfangen wie das Blatt im Gitter. Wir sprechen über das „Dürfen", schauen auf das Gewesene und geben der Hoffnung auf das Kommende Raum. Irgendwann verabschiedet sich das gelbe Blatt am Fenster. An diesem Tag darf auch mein Gesprächspartner gehen, ein Lächeln im Gesicht. Ein letztes Mal streiche ich über die Hände, die so oft die meinen festgehalten haben, und denke an die Worte nur wenige Stunden zuvor.

Als ich an diesem Tag das Krankenhaus verlasse, weht mir der Wind direkt ein Blatt ins Gesicht. Es ist groß und gelb und ein wenig abgerissen, fast so, als hätte es zuvor wo festgehangen ... da muss ich lächeln.

36

Es ist still, nur das Gurgeln und Blubbern des Sauerstoffgeräts ist zu hören. Die Augen des Patienten sind geschlossen, schwer und langsam kann man den Atem hören. Die Fenster sind gekippt: Vogelzwitschern ringsum in den Bäumen vor dem Krankenhaus.

Es ist ein kleiner Zettel, den man in den Unterlagen gefunden hatte. Auf ihm der Wunsch, mich zu rufen, wenn es „so weit" wäre. Und hier bin ich. Sitze am Bett, halte die Hand und frage mich, was mit „so weit" wohl gemeint war. Mein Blick folgt dem leisen Glitzern der Goldfäden am Kopfpolsterbezug. Ich betrachte das Gesicht - und entdecke, dass ganz zaghaft ein goldenes Schimmern vom Polster über das Gesicht streicht. Ich muss lächeln. Bei jedem Krankenhaus-Aufenthalt war er mit dabei - und auch jetzt wirkt der Polster wie ein alter Vertrauter. Ein Geschenk aus Jugendtagen, das dem Erkrankten immer wichtig war.

In diesem Moment drückt ganz sanft die Hand meines Gegenübers die meine. Und ich drücke zurück. Kein Wort haben wir miteinander gesprochen an diesem Vormittag. Und doch fühlt es sich so an, als wäre alles gesagt, als wäre es „so weit".

37 Auf dem Nachttisch steht ein wunderschöner, üppiger Blumenstrauß. Ich betrachte die einzelnen Blüten und Blätter, während ich die Hand meines Gegenübers halte. Die Augen sind geschlossen und das Atmen fällt offensichtlich schwer. Immer wieder gibt es lange Pausen zwischen den Atemzügen.

„Ich möchte nicht allein gehen müssen", hatte die Patientin noch vor einigen Wochen gesagt. Und wir sprachen darüber, dass es letztlich doch ein ganz persönlicher Weg ist, den man - wenn auch begleitet - doch allein geht. „Ich war schon mal drüben," hatte sie mir anvertraut. „Es ist wunderschön dort. Aber ich weiß, wenn ich dortbleibe, kann ich nicht hier sein. Das fällt mir noch schwer ... dieses Loslassen ... ich bräuchte so was wie eine Hand, die mich hinüber begleitet ..."

Die Pausen zwischen den Atemzügen werden länger und irgendwann ist da Stille. Man hört das Zwitschern der Vögel draußen vor dem Fenster. Auf dem Gesicht liegt ein leichtes Lächeln. „Es muss tatsächlich wunderschön dort sein ...", sage ich und nehme eine Blüte aus dem Blumenstrauß und lege sie der Verstorbenen in die Hand.

38 Nur noch wenige Menschen kommen zu Besuch. „Ich brauche niemanden, der alles schönredet oder so tut, als wäre alles nicht so schlimm", sagt die Patientin. „Und die, die sich selbst leidtun, weil sie mich anschauen müssen, brauche ich auch nicht hier."

Diese Klarheit ist gewachsen in den letzten Wochen und in der Stille des Krankenzimmers. Mit den Menschen an der Seite, die guttun, wächst Vertrautheit und Offenheit, um über das zu sprechen, was kaum jemand zu fragen wagt: „Wie fühlt es sich an, dieses Loslösen vom Leben?"

Ein paar Stunden gibt es, in denen mein Gegenüber davon erzählt, versucht, in Worte zu fassen, was sich eigentlich kaum sagen lässt. Da sei Wärme und Leichtigkeit, wundersame Musik und eine tiefe Zuversicht, dass es gut sein wird ... dann ...

An einem windigen, trüben Nachmittag löst sich mein Gegenüber ganz ruhig vom Leben. In einem kurzen Moment, als niemand im Zimmer ist. Was bleibt, ist das warme Lächeln im Gesicht, als wäre da schöne Musik zu hören.

39 Es ist ein eisig kalter Nachmittag. „Wenigstens regnet es nicht …“, denke ich, während ich mit dem Bestatter über den Friedhof gehe. Ein Sarg steht einsam am Grab, Wind zerrt an den Blumen. Immer wieder geht jemand am Grab vorbei, aber niemand bleibt stehen. Suchend schauen wir uns um. Kommt denn niemand zur Verabschiedung?

Es ist nicht das erste Mal, dass das Leben eines Menschen zu Ende geht, ohne dass sich jemand von ihm verabschieden möchte. Im Krankenhaus geschieht das immer wieder. Und auch auf dem Friedhof. Wie gut tut es da, sich im Glauben geborgen zu wissen. Gott ist da und bleibt da. Im Leben, im Sterben, im Tod.

Ein wenig ratlos überlegen wir, was wir tun sollen. Offensichtlich ist niemandem dieser Abschied wichtig. Aber wir sind da. Und zwei Friedhofsarbeiter. Zu viert nehmen wir Abschied, im Vertrauen darauf, dass Gott da ist: segnen den Sarg, bedenken das Leben, das da zu Ende gegangen ist, und sind da, als der Sarg in die Erde gelegt wird.

Der Wind fegt über den Friedhof, als wir wieder zurückgehen. Zurück in unseren Alltag. Dankbar dafür, Menschen um uns zu haben, denen wir am Herzen liegen. Es ist nicht selbstverständlich.

40

„Ich bin bereit“, sagt mein Gegenüber mit fester Stimme. Es ist kaum zu glauben, dass es jetzt wirklich bald „so weit“ sein soll. Etwas mehr als ein Jahr ist vergangen seit unserer ersten Begegnung im Krankenhaus. Damals noch voller Hoffnung und Zuversicht, dass die Krankheit überwunden werden kann. Jetzt, viele Therapien und Operationen später, ein Gedanke, der zuvor undenkbar schien: „Ich bin bereit zu sterben.“

Wie es sich anfühlt, frage ich. „Gut“, sagt der Patient und lächelt. Und erzählt mir von dem Gefühl, berührt und getragen zu werden: „Ich hab das Gefühl, da hält jemand seine Hand unter meinem Arm.“

Tag für Tag besuche ich ihn. Wir sprechen ein paar Worte. Meistens bin ich einfach da. Er öffnet ab und an die Augen. Lächelt. Und schläft wieder ein.

Jeden Tag fällt es schwerer, die Augenlider zu heben. Ich erzähle von den ersten Schneeflocken, die vor dem Fenster tanzen. Mein Gegenüber lächelt mit geschlossenen Augen. Und schläft ein. Für immer.

Mit einem Lächeln im Gesicht.

41 Die Augen füllen sich mit Tränen. Mein Gegenüber weint und schluchzt laut auf. Ich nehme einen Stuhl und setze mich zum Bett, reiche ein Taschentuch. Der ganze Schmerz, der sich über lange Zeit gesammelt hat, scheint herauszubrechen. Ich kann die Worte kaum verstehen zwischen all dem Weinen. Aber ich höre zu. Versuche so gut als möglich herauszufinden, worum es geht - und beginne zu verstehen: Da ist jemand mit einem ganz konkreten Anliegen. „Bitte, können Sie nicht sagen, dass ich hierbleiben will?"

Die Dame hatte diesen Wunsch lange für sich behalten. Wollte niemanden in seinen Bemühungen zu Hause vor den Kopf stoßen. Aber irgendwann war der Druck zu groß und der eigene Wunsch rückte in den Vordergrund: „Ich möchte im Krankenhaus sterben."

Als sie hören darf, dass das möglich ist, und man auch hier alles tun wird für eine gute Atmosphäre, huscht ein Lächeln übers Gesicht. Die Patientin wünscht sich, gesegnet zu werden, und wir beten gemeinsam um ein gutes Abschiednehmen. Am Nachmittag kommt noch Besuch und es gibt viel zu lachen.

Früh am Morgen des nächsten Tages erfüllt sich der Wunsch.

42

Es ist ganz ruhig im Zimmer. Eigentlich eine friedliche Stimmung. Die Kerze leuchtet, der Name ist darauf zu lesen und ein Datum. Blumen stehen auf dem Tisch, eine weiße sternförmige Tischdecke darunter. Eine Schale mit Weihwasser. Leise beten wir miteinander. Sprechen dem noch so kleinen Kind einen Namen zu, segnen es mit dem Kreuzzeichen. Begrüßen es im Leben. Und wissen doch, dass es gleichzeitig ein Abschied ist.

Einige Tage später bei der Beerdigung erinnern wir uns gemeinsam an diesen Augenblick im Krankenzimmer, zünden die Namenskerze erneut an und beten miteinander. Die Blumen flattern im Wind, das Weihwasser ist von der Sonne gewärmt, als wir den kleinen Sarg mit dem Kreuzzeichen segnen. Am Friedhof ist alles ruhig zu dieser Tageszeit. Nur die leisen Klänge des Musikers am Grab schweben mit den sanften Sonnenstrahlen in der Luft.

Es sind kleine Gesten. Wenige, behutsame Worte. Und doch ist in ihnen zu spüren, was weiter tragen kann in dieser schweren Zeit: die Zuversicht, nicht allein zu sein. Gottes Zusage zu hören: „Ich bin bei dir" – gerade im Kummer. In der Trauer. Im Schmerz.

43 Es ist eine kleine logistische Herausforderung. In der einen Hand trage ich einen Becher Kaffee und in der anderen Hand ein kleines Becherchen Milch und Zuckertüten. Wie heiß der Kaffee ist, spüre ich an meinen Fingerspitzen, und bin etwas ungeduldig, weil der Lift sich wirklich viel Zeit lässt. Während ich warte, gesellt sich ein Arzt zu mir. „Gehst du jetzt schon mit Kaffee spazieren?", fragt er mich. Ich muss grinsen und erzähle dann, was es mit dem Becher auf sich hat. Da kramt er in der Manteltasche, steckt mir ein paar Münzen zu und sagt: „Der geht heute auf mich."

Vorsichtig trage ich den Kaffee bis zu einem Patientenzimmer. Vor einer Stunde erst war ich dort gewesen, habe viel Vertrauen geschenkt bekommen. Ein schwerer und trauriger Tag heute, mit vielen Tränen.

Nun. Hier bin ich wieder. Mit einem Becher duftendem Kaffee vom Krankenhaus-Kiosk. Ich weiß von vergangenen Aufenthalten, dass mein Gegenüber für richtig guten Kaffee immer zu haben ist.

Die Überraschung gelingt. Die Patientin strahlt übers ganze Gesicht. Wieder Tränen. „Aber jetzt, weil ich mich so freue", betont die Kaffeeliebhaberin.

Vielleicht ist Seelsorge manchmal auch in einem Becher Kaffee zu spüren.

44

Es dauert eine Weile, bis ich mich wieder sammle. Noch nie habe ich gesehen, worauf einen Moment lang mein Blick gefallen ist. Schnell wende ich die Augen ab. Tief durchatmen. Ärzte und Pfleger versuchen ihr Möglichstes, um all die Wunden zu versorgen. Tief drin spüren sie vielleicht, dass sie wohl nicht erfolgreich sein werden. Und doch machen sie weiter. Lassen nichts unversucht. Sie lassen sich nicht von dem irritieren, was mir den Atem nimmt. Sie haben wohl schon viel Schlimmeres gesehen.

Leise beten manche von ihnen mit, während ich den Verletzten segne. Ich zeichne ein Kreuzzeichen auf den so schwer verletzten Körper und glaube förmlich zu spüren, als in genau diesem Moment das Leben den Körper verlässt. Einen Augenblick lang scheint die Zeit stillzustehen.

Da fällt mit einem Mal ein Schatten ins Zimmer. Verwundert blicken wir zum Fenster. In die Lamelle der Jalousie hat sich ein Schmetterling gesetzt. Durch die flachstehende Morgensonne wirft er einen langen Schatten hinein ins Zimmer. Das zaubert jedem ein kleines Lächeln ins Gesicht. Trotz Masken fällt uns das allen auf.

Vielleicht fühlt sich Auferstehung genauso an. Wie ein unverhofftes Lächeln.

45 „Manchmal ist es vielleicht schon Gebet genug, dass man alles aushält und diesen schweren Weg weitergeht. Da braucht man keine extra Worte dazu." Mein Gegenüber sieht mich skeptisch an: „Wie soll denn das gehen, beten ohne Worte?"

Wir kommen ins Gespräch. Über das Rosenkranzbeten von klein auf. Über den Druck, der tief drin spürbar ist, wenn „das" nicht „erledigt" ist. Und den Kummer, dass im Moment einfach keine Kraft da ist, um auch nur ein Gesätzchen vollständig zu beten. Die Augen fallen zu. Der Rosenkranz entgleitet den Händen. Was das Beten so schwer macht im Moment? Die Schmerzen. Die Müdigkeit. Das Gefühl, erbrechen zu müssen. Der Patient nimmt den Rosenkranz vom Nachtkästchen. „Festhalten reicht, glauben Sie?" Er schließt die Augen, atmet ganz ruhig. Schläft ein. Innerhalb kürzester Zeit. Tief und fest.

Als ich am nächsten Tag wiederkomme, empfängt er mich lächelnd und offensichtlich ausgeschlafen. Es ist ein zuversichtliches Gespräch, das wir führen. „Was hab ich mir nur immer für einen Druck gemacht ...", seufzt mein Gegenüber. „Beten ginge ja ganz einfach, wenn man es halt mal anders macht, als man es gewohnt war ..."

46 „Da ist viel passiert …" Mein Gegenüber schaut aus dem Fenster. Nach langem Schweigen darf ich hören von dem, was solange schon belastet - und von der Wut und Hilflosigkeit. Vom Sich-Verteidigen und Rechtfertigen-Müssen. Jemand aus dem Nebenbett sagt leise: „Das war nicht nur vor 50 Jahren so, sondern auch noch vor 30 Jahren … mir ist das auch so gegangen."

Wir kommen miteinander ins Gespräch. Über Schwangerschaft und Geburt, über Behinderung eines Kindes und über den Umgang damit in der Familie, in der Nachbarschaft, in Schulen und ja, auch in der Kirche. Wenig Rühmliches. Erschreckend eigentlich, welche Erfahrungen da gemacht wurden. Es gibt eigentlich nichts darauf zu sagen. Nichts zum „Schönreden" oder „Erklären" - es ist unfassbar, was geschehen ist. Punkt.

„Das ist das erste Mal, dass ich das alles sagen kann, wie ich es erlebt habe … ohne dass dann gleich jemand sagt: ‚Das war halt damals so.'"

Die Worte klingen nach. Geschehenes Unrecht wiegt schwer. Es anzuerkennen ist das Mindeste, das man heute noch tun kann.

47

In der Mitte steht eine große Vase mit Sonnenblumen. Für jeden, der gekommen ist, ist eine Blüte vorbereitet - und es sind ganz schön viele. Ein farbenfroher und kräftiger Mittelpunkt. Und doch sind die Gesichter ernst. Jeder hält eine kleine, dünne Kerze in der Hand und weiß: Irgendwann wird sie angezündet und man kann - wenn man möchte - ein paar Worte dazu sagen, bevor die Kerze in die große Schale mit Sand gesteckt wird.

Es sind kostbare und wertvolle Momente des Zusammenkommens. Denn es gibt Situationen im Krankenhaus-Alltag, die - trotz aller Professionalität und allen medizinischen Wissens - persönlich so herausfordernd sind, dass sie weiter begleiten und nicht so schnell verblassen. Dass manchmal Dinge geschehen, die schwer zu tragen sind - das lässt sich nicht verhindern in einem Krankenhaus. Aber es ist wichtig, wie man damit umgeht und weitergeht. Als Team. Als einzelner Mensch.

Das Miteinander an diesem Abend mit der Vase voller Sonnenblumen tut gut, weil man aussprechen darf, was einen bewegt und man spürt: Ich bin nicht allein. Und weil da ein Licht leuchtet für das, was einem am Herzen liegt - und es da eine Sonnenblume gibt, die für mich blüht.

48

„Wenn ich dann alles gut abgeliefert habe, freue ich mich."

Der sonnengebräunte, kräftige Mann erzählt mir aus dem Berufsalltag. Es gibt so viel Interessantes zu hören, dass ich staune. Was da alles im Hintergrund abläuft! Ich habe mir nie zuvor Gedanken darüber gemacht.

Der Patient wirkt zufrieden, als ich das sage.

„Wissen Sie, alle wollen immer gescheit und was ‚Besseres' sein. Im Hintergrund will kaum einer sein. Wenn man aber dann im Geschäft ist und kein Klopapier bekommt, dann nutzt einem alles nix. Es braucht einfach Leute, die dafür sorgen, dass die Sachen überhaupt dorthin kommen."

Ein Bettnachbar bringt sich ins Gespräch ein. Die beiden kommen ins Fachsimpeln über Lastwägen und Laderampen. Mit einem Mal aber werden die beiden ernst: Wer macht die Arbeit, wenn man gerade im Krankenhaus liegt? Die Kollegen meistens, die zusätzlich auch das Arbeitspensum übernehmen – die Waren müssen einfach in die Geschäfte.

„Wär das nix für Sie? Das wäre vielleicht lustiger als hier im Krankenhaus?", schmunzelt mein Gegenüber. Nicht nur ich muss lachen.

Wie schön erleben zu dürfen, dass Menschen ihre Arbeit mögen und wissen, wie wertvoll sie ist – auch wenn ihnen das wohl kaum jemand einmal direkt sagt.

49

„Sterben?"

Ohne Laute, nur mit den Lippen formt die Frau dieses Wort. Ich nicke leicht. Ihre Augen füllen sich mit Tränen. Es ist nur ein kurzer Moment, dann werden die Tränen zur Seite gewischt und der Atem tief eingesogen.

„Bald?"

Das Wort formt sich langsam. Ab und an sucht der Blick meines Gegenübers den meinen. Ich zucke mit den Schultern. „Ich weiß es nicht." Auch ich spreche lautlos.

Sie ringt mit der Fassung. Vorsichtig berühre ich den Arm. Es dauert keine drei Sekunden, da sucht die tief betroffene Dame nach einer trostvollen Umarmung. Schluchzt laut, lässt sich den Rücken streicheln.

Lange stehen wir so da. Mir fällt auf, dass ich größer bin als die Frau. Das kommt selten vor. Irgendwann löst sich die Umarmung. Mein Gegenüber sieht mich lange an: „Man braucht auch als Angehöriger Zeit fürs Sterben. Auch wenn man nicht selber grad dran ist."

Ganz ruhig ist es mit einem Mal im Zimmer. Friedlich irgendwie. Leise piept der Monitor, draußen zwitschern die Vögel.

50

Die junge Frau liegt im Bett, scheint tief und fest zu schlafen. Ich setze mich leise auf den Stuhl neben dem Bett. Ich habe versprochen zu kommen und auch ein bisschen dazubleiben, selbst wenn sie schläft. So hatten wir es vereinbart schon vor vielen Monaten, als der Tod noch weit entfernt schien und doch so präsent war, dass man über ihn nicht hinwegsehen konnte.

Die Patientin öffnet die Augen, möchte einen Schluck Wasser trinken und blickt aus dem Fenster. „Sterben ist komisch", höre ich irgendwann. „Komisch, einfach komisch. Ich hab so was noch nie erlebt." Ich muss ein wenig schmunzeln. Mein Gegenüber auch. „Klingt blöd, oder?" Jetzt lachen wir beide. „Naja, man stirbt bekanntlich ja nur einmal", sage ich. Wieder müssen wir lachen.

„Sterben ist wirklich komisch", sagt sie nochmals. „Aber nicht schlecht. Nur eben anders als alles, was man sich nur vorstellen kann."

Es fühlt sich an wie ein Geschenk, diesen Satz gehört zu haben. Wenn mich jemand danach fragt, ob ich weiß, wie sich das Sterben anfühlt, erzähle ich von diesem Gespräch. Vielleicht ist es ja gut, dass man sich das eigentlich gar nicht wirklich vorstellen kann, wie es tatsächlich sein wird. Komisch kann ja auch wunderbar sein. Wer weiß ...

Maria Radziwon, geb. 1982, studierte Theologie und arbeitete als Grund- und Sonderschulpädagogin. Seit 2014 ist sie als Krankenhaus-Seelsorgerin tätig. Sie ist verheiratet und Mutter von vier Kindern. Über den Neuanfang auf dem Hof ihrer Großeltern in Kärnten schrieb sie das Buch: „Unser Leben auf dem Bergbauernhof“. Jahrelang war sie Redakteurin des erfolgreichen Frauenkalenders „Alles hat seine Zeit“.